幼児教育でいちばん大切なこと

聞く力を育てる

外山滋比古

筑摩書房

〈はしがき〉

生まれてくる子はみな天才

〈子ども〉は〈大人〉の父である（The child is the father of the Man）、ウィリアム・ワーズワース（William Wordsworth）、という詩の一行につよい印象を受けた。やさしそうに見える逆説的表現はいろいろな、おもしろい思考をひき出してくれた。子どものときの教育が一生を左右するほどの意味をもっている、というのは、そのひとつである。

英語の教師でありながら、幼児の教育に心を寄せて、思ったことを書いたり、話したりするようになった。子どものことを考えるのはたのしい。未知の世界へわけ入っていくような気がする。

大人になりかけの学生を教える空しさをうすうす感じていたから、子どもの育成は新鮮であった。学内の役職を極力、避けていたのに、附属幼稚園の園長になることを願い、実現させた。口さがない連中が、おかしくなったかとおもしろがったらしい。好事魔多し、ではないが、あいにく、たまたま、所属の学会の会長に選出されてしまった。じゃ園長はやめようなどとは思わない。会長の方を辞退して、同学の諸君のヒンシュクを買ったようである。

ひと口に幼児の教育といっても、簡単ではない。何をどうすればいいのかを教えてくれる人も本もない。暗中模索、素人の考え休むに似たりで、一向にラチがあかない。五年して園長の兼務を解いてもらって、ひそかに子どもの発達をひとり考えることを始めた。

そして、子どもの教育が幼稚園で始まるのは不当である、遅すぎる、と考えるようになる。これまで、だれも、そう言っていないらしいのはなぜだろう。ワーズワースの「子どもは大人の父」にしても、子どもを幼児ととらえているのだろうが、幼児になるまでの間の子どもはどうするというのか。幼児では手遅れである。子どもの教育は、生まれた直後から始まるとするのが理にもかなっている。そう考えて、ひとり得意になった。子育てはゼロ歳児のときから始まる。

生まれたばかりの子どもは、何もわからない。何ひとつできることがない。大人はそう思っている。私もぼんやり、そう考えていたけれども、考えていて、これ、とんでもない誤解だと思うようになった。何もできないどころか、生まれたばかりの子どもは大人の遠く及ばないことをいろいろやってのけている。そういう能力を生まれながらもっている。大人は、新生児を教えることがうまくできないことが多いが、子どもの生来の才能を引き出そうとするなら、すばらしいことができる。

〝生まれてくる子どもは未来から送られてくる留学生である〟と言った人がいる。りっぱに教育して有為の人材にしなくてはならない、というのはわかるが、留学生になるまで、子どもの教育を待っているわけにはいかない。〝はじめにゼロ歳児ありき〟これが本当の幼児教育である。そう考えると、子どもの見方もおのずから変わってくる。

子どもは生まれるとき、すべて、天才的である。

本気でそう考えている。何もわからない、できない、どころではない。何でもできる、すばらしくうまくできる素質と能力をもっている。賢い両親の子は頭がいい。一般にそう考える人が多いが、生まれてくる子どもは、両親からの遺伝を受けついでいるにしてもごく一部である。それとは関係のない可能性、能力、天分などをいっぱいもっている。それがほとんどすべての子どもにそなわっている。〝ゼロ歳児はすべて天才的である〟というのは、そこから生まれた。

天才的な子どもが、実際に天才になるのは例外であるけれども、そのことをもって天才的ゼロ歳児の考えを否定するのは間違っている。

生まれるとき、ほとんどすべての子どもが、人間の必要とする、あるいは必要としそうもない、もろもろの潜在的能力をもっている。自力では発揮できない能力もあるから、大人が引き出してやる。適当な刺激を与えれば、飛び出してくるのだから、引き出す、というのは当たらないかもしれない（因みに、〈教育する〉に当たる英語のエデュケイト〈educate〉には、〝引き出す〟という意味がある。教えるのは、押しつけるのではなく、引き出すこと、というのである）。

これまでの子育ては、生まれたばかりの子の潜在力、天分を引き出すことを考えず、ひたすら栄養を与えて身体の発育につとめる。その間、天資、天稟《てんぴん》は眠ったままである。こまったことに、子どもの天才能力には賞味期間があり、消費期間がある。生後、数年すれば多くの潜在力が劣化し、退化してしまうようである。小学校へ入るころにはこの劣化がかなり進んでいて、各人の能力は大きな差を生ずる。残念なことにほとんどの天賦の才能は生後十年、十五年のうちに、そのパワーを大半失っている。幸運によって、それが劣化しないではたらくようになったのが、いわゆる天才である。

どうすれば、もって生まれた天才的素質を殺さずに大きくなれるか、つまり、天才になれるか。その処方はまだ存在しないが、人類の未来はその発見にかかっていると言っても過言ではないだろう。

天才だとか天才的だとか、普段、あまり聞かないことばを使うことに異和感をいだく人もあるかもしれない。

ただ、当てずっぽうに、生まれたばかりの子が天才的であると言っているわけではない。すべての子どもが、天才的可能性、潜在能力をもっていると言うのである。その伸ばし方をこれまで知る人がなかったために、せっかくもって生まれた力がありながら、それをあらわすことなく、腐らせてしまっているのである。

すべての能力をほぼダメにしているのだが、いくらか、伸びる能力もないではない。そのもっとも目ざましいのが、ことばの習得である。生まれてくる子はことばをまったく知らないが、ほとんど例外なく四十カ月以内に、ことばを覚える。

覚えるといっても、しっかり教えてくれる〝先生〟のいることは稀である。まったくわけのわからぬことばを聞いていて、子どもは、ほとんど独力でことばを身につけていく。ときに話しかけられることもあるが、多くはまわりの話すことばを聞いているのである。どういう意味かなど教えられることはない。それでいて、そのうちに、子どもはことばに意味があることをおのずから知る。そして自分でもことばを発するようになる。すべて自力である。よほどの天分がないとできることではない。それをほとんどすべての子どもが、黙々としてやってのける。尋常ではない。普通ではなく、まさに天才的である。

おどろくべきことに、なんとかことばが使えるようになった子は、自分の頭の中に、〝文法〟をこしらえているらしい。これを子どもは一生の間、自覚しないままに、もち続け使い続けると考えられる。その文法にひっかかることばは排除される。ちがうことばであると判断する基準にもなるシステムを、だれからも教えられずに独力でつくり上げる。

もっとおどろくのは、自分では聞いたことのないことばが、この〝文法〟のおかげで使えるようになるということだ。すべて幼児期で完了する無意識の学習である。それを主として自力でやってのけるのだから、おどろく。

このごろは小学校でも英語を教えるようになったが、学校では英語がよくわかり、使えるようにはならないということを多くの人が暗々のうちに認めている。外国語の習得は自国語の習得とは比べものにならない難事であるが、天才的な人はネイティヴ・スピーカー顔まけのことばを使うことができる。母国語については、すべての子どもがその天才的能力を発揮するのである。

乳幼児にことばを教えることが、これまで充分考えられてきたとは言えない。合理的な教え方が見つかれば、新人類の誕生も夢ではなくなる。現状はそれにほど遠いけれども、ほとんどすべての子どもが、自力で、かなりの程度まで、ことばをマスターしている、としてよい。

ひとりっ子が当り前、というようなことは、五十年前には夢にも考えられなかった。かつての子だくさんというのは子どもが七、八人いることである。三人や五人では子どもが多いとは言わなかった。そのころは子どもの少ないのをよいと思っていたものである。

それがいつのまにか様変わり。小学校でも長男と長女ばかり多くなる。家庭はそれを別になんとも考えないが、子どもの成長にとって重大な危機である。そう思う人が少ないのは健康な社会だとは言えない。

小学校でひとりっ子がふえるといったことより、生まれてから、大人の間にはさまって生きる子どもの方が心配である。子どもが天才的素質を不発に終わらせるのは、さきにも述べたように、大人の〝引き出し〟の弱さによるのだが、それだけではない。仲間といっしょに遊んでいるとき、子どもは意外と多くの好ましい刺激を受ける。少子化の時代、この子ども同士の交流が困難になっているのはゼロ歳児には大きな問題だと思われる。

家庭においても、この点に留意する必要がある。とかく子どもを囲い込みがちだが、天分発揮には、同じくらいの年齢の子どもとの触れ合いが必要で、遊ぶ経験がきわめて重要である。このことを大人たちはすくなくとも考慮しなくてはならない。この点で、保育所は家庭よりまさっている。ひとりにしてはなにより子どもがかわいそうである。

生まれてくる子どもには、なるべく多く、さまざまな人間と触れ合うようにする。

才能教育といって、幼い子に稽古ごとをさせたり、勉強もどきをさせたりするのが一部で流行しているらしいが、基本は、普通のことをなるべく豊富に経験させることである。普通のことによって天分はあらわれる。天才的な子どもに特別な教育を行なうのは正しくない。普通の経験によって天性の質はもっとも多くあらわれるように思われる。

この本はすべての子が、天才的な天賦の才能をもって生まれてくるという考えを共有してもらうことを目的にしている。

そのため、育児の具体的なことについての知識などは、ごく部分的である。実際に子育てをされる方々には、めいめいでもっともよい方法をお考えいただきたい。

重ねていうが、子どもは天才的可能性、才能をもって生まれてくる。これまでの人類はそれを実現化する知見に欠けていた。だから天才は暁天の星よりも少なかったのである。その潜在力を引き出すことができれば世界は新しくなる。そういう考え方がすこしでも広まることを願っている。

本書が現代教育のための教養を高めるものであってほしいと願っている。

目次

第二章　みんな、絶対語感をもっている

第一章

ゼロ歳児の教育を考える

赤ちゃんを誤解してきた人類

人間はこれまで実に長い間、とんでもない考え違いをしてきた。

人類の起源はどこまでさかのぼるか、たしかなことはわからないけれども、ずっと子どもというものを誤解していたのである。

ほかの哺乳類の動物と違って、人間の子は十カ月で生まれてくる未熟児である。自分で自分のことができない。まわりの手厚い保護を受けないと大きくなれない。

それを見て大人は子どもは何もすることができないのだ、と速断してしまったのである。わずかに母乳を与えるだけで、ほかの育成は行なわない。これは洋の東西を問わず世界中、だいたいどこでも同じである。

子育てが曲がりなりにも始まるのは、子どもが自分で動けるようになり、不充分ながらことばを使うことができるようになってからである。

そのことばについても、「いつの間にか自然に覚える」などとノンキである。生まれてから三年くらいの間、子どもは生きていくための栄養、食べものを与えられるのみで、ほぼ、放っておかれる。この点ではある種の動物以下であると言ってよいかもしれない。たとえば鳥類などは、ヒナが生まれるとすぐ、インプリンティング（刷り込み）をはじめる。

ヒナは、親どりのすることをその通りまねるように生まれついている。どうして親どりとわかるかというと、ヒナは、身近なところにいるもの、動くもの、声を出し、自分より大きなものが、インプリンティングをしてくれるものであることを本能的に知るように生まれついているのである。

ヒナは親どりについていて、そのする通りのことをまねる。これを繰り返すから刷り込みというわけである。そのため親どりの片方はつねにヒナのそばを離れることがない。ずっとヒナのそばにつきっきりである。他方の親はせっせとエサをとってきて与える。献身的な子育てである。

短い間にインプリンティングは完了し、ヒナはひとりで生きていかれるようになって、親離れする。親からすれば子離れである。みごとな教育であるというほかない。

それに引き換え、人間の子育てはいかにも見劣りがする。生まれて二、三年は教育らしいことは何もしない親が大部分である。近年になって早期教育ということが言われるようになって、三歳児くらいから、音楽などを稽古させることが一部で行なわれているが、インプリンティングのように徹底したものとは言えない。

天才は〝ことば〟にあり

生まれたばかりの子どもはすべて天才的である、と言っても、にわかには信じられないという人が多いであろう。天才とはごくごくまれな異能の持ち主のこと、すべての子が天才的であるはずがない。そう考えるのが常識である。

私自身も長い間、そう考えていた。それがあるとき、ひっくり返った。大きな発見だった、といまでは思っている。きっかけは〝ことば〟である。

ことばは、人間のみがもっているもので、きわめて複雑な構造をもっている。それをある程度自由に使いこなすというのには、おそるべき高度の知性、感性、心理的活動が必要である。つまり天才でないと、ことばは身につけることができない。

ところが、すべての子どもがことばをマスターする、使いこなすことができるようになる。つまり、天才的素質をもっているからこそである。とくべつな教え方をするからことばが使えるようになるのではない。

たいていの親は、子どものことばを教えるのは自分であるという自覚が充分でない。どういうことばをどう教えたらよいのか、それをあらかじめ考えている人は例外中の例外といってよいくらいである。

それにもかかわらず、すべての子どもが、多少の差はあっても、不自由をしないことばを身につけることができる。しっかり教えるものもないのに、ことばを覚え、使えるようになるのは、子どもにきわめてすぐれた天賦の能力があるからにほかならない。したがって、子どもはすべて天才的である、となるのである。

このことを意識的に考えなかったのは、人間にとって大きな損失であったと言ってよい。文化が目ざましく発達したと言われる現代においてもなお、子どもは無知、無能で生まれてくると信じている人が多い。そのために、せっかくもって生まれた、才能、能力をむざむざ枯らしてしまっている。

大いなる可能性を秘めた〝未熟児〟

繰り返しになるが、子どもは未熟児で生まれてくる。一見、何もわからず、何もできないように見える。そのため、これまで、みどり児の教育はほとんどなされないできた。赤ちゃんにものを教えるなんてできるわけがない。勝手にそう決めて、母乳を与え、ミルクを与えるだけで育てることになると決めていたのである。

大違いである。子どもははじめいかに無能のように見えても、すばらしい能力を内に秘めている。それを自分では発揮することができないにすぎない。

赤ちゃんがじつにさまざまな能力をもっていることは、近年目ざましい発展をとげている「赤ちゃん学」の研究結果によって明らかになっている。

たとえば、かつて赤ちゃんは目がほとんど見えないと考えられていたが、東京大学大学院の開一夫教授の著書『赤ちゃんの不思議』（岩波新書）によれば、新生児の視力は〇・〇一〜〇・〇二あるという。

赤ちゃんの潜在能力がもっとも早く発動するのがことばである。未熟児として生まれてくる赤ちゃんだが、耳は目以上に充分に発達していて、生まれながらにして、よくはたらくのである。それどころか、お母さんの胎内にいたときにすでに高い能力をもっていて、お母さんの見ているテレビの音声に反応しているという、こちらも専門家の報告がある。

生まれて早々、赤ちゃんの耳はよく聞こえて、まわりの音をとらえることができる。その耳でことばをひろっているのである。

赤ちゃんにはいろいろな音が聞こえる。もちろん、ことばばかりではない。その中からことばを選び出して、頭に刻みこむのは大人が考えても気の遠くなるような難しいことである。それを、新生児はだまってやってのける。天才的であると言わずして、何と言うか、である。

赤ちゃんにことばを聞かせようとはっきり自覚して、ことばを話す親は限られているだろう。この点で、先にものべた、動物に見られるインプリンティング、刷り込みに、人間の育児は遠く及ばないと言ってよい。

先生である親がいい加減だから、赤ちゃんはたいへんな苦労をする。そのためもあって、もって生まれた天才的能力をすりへらしてしまうことになる。

重大な危機

親は子どもにことばを教えるのだと思ってしゃべることはまずない。わけのわからない赤ちゃんにものを言ってもしかたがないという〝合理的〟な考えの母親は、だまって、口数少なく子育てをする。これは子どもにとってたいへんな打撃になる。ことばは聞いて覚えていくものだから、話してくれる人がいなければ、覚えようがない。

生まれてから二、三年の子どもは、おっぱいをのむようにことばを聞いて育つ。このことばを私は、〝母乳語〟と呼んでいる。**おっぱいで体が大きくなっていくように、ことばは心の糧《かて》で、それによって心が育つのである。**

赤ちゃんに話しかけない、ことばを聞かせない母親は、おっぱいをやらないのに近いひどいことをしていることになる。そういう認識がないのはたいへん悲しいことで、子どものために少しでも早く考え方が変わることが望ましい。

生まれたばかりの新生児は、すぐ母乳を吸うことができる。母親のほうがうまく授乳できないことがあるけれども、すぐなれる。ことばの母乳語については、それほどうまくいかないことが少なくない。

生まれたばかりの子に声をかけるのが自然であるけれども、近年になって、ことばかけの少ない母親がふえているように思われる。

赤ちゃんは聞こえてくる声に反応する。ほかの音とことばを区別する能力があるからで、繰り返し聞いているうちに少しずつはっきりしたことばがわかってくるらしい。こういうことは、なおよくわかっていない。神秘的でさえあるが、すべての子どもが、ことばを覚える力をもっているのは驚くべきことである。

子どもがせっかくすばらしい能力をもって生まれてくるのだから、子育てをする側は、その力を充分に引き出してやりたいものである。

昔から、語り伝えられてきた子育てでは、子どもへの話しかけはとくに強調されることもなかった。戦後、教育が普及して、昔からの子育てが古くさいと考えられるようになって、暗黙の間に行なわれていたことばのインプリンティングが行なわれなくなってしまったのだとすれば、子どもにとっては重大な打撃である。

ある幼稚園の先生がはじめての子どもを生んだ。子どもの教育について勉強し、幼児教育の経験もある。自他ともに、子育てはうまくできると思っていた。ところが、その子は二歳になってもことばが出ない。

子どもに欠陥があるのではないかというので専門家に診てもらったが、どこも悪いところはないことがわかった。子どものことばが遅れたのは、母親のことばかけが少ないためだったのだ。先生はショックを受けた。

幼稚園で普通の人よりもことばを多く使うために、わが子に話しかけるのがおろそかになってしまったらしい。

昔の親にしても、生まれたばかりの子に、どういうことばのしつけをするか、をはっきり知っていたわけではない。自分が子どものときに経験したことなど覚えているわけもないが、まわりに子育てをしている母親がいれば、なんとなく子どもへのことばかけの大切さを知るようになっていたのである。

戦後、核家族がふえ、年寄りの言うこと、することをバカにする風潮が広まって、子どもの〝はじめのことば〟の教育は大きなピンチを迎えることになった。それにもかかわらず、赤ちゃんは自然にことばを覚える、という間違った考えだけが生きのびた。

話すことばは文字よりも大切

生まれたばかりの子は、だれひとりとしてことばを知っているものはない。まったくゼロの状態である。

それが四十カ月くらいすると、みんな何とかことばがわかり、使えるようになっているのは、おどろくべきことである。だから子どもは天才的というわけだが、いくらすぐれた才能をもっていても、それを引き出してくれるものがなくてはことばは芽生えない。育てるにはその力がいる。

もともと、赤ちゃんのすぐそばに、ことばを教えてくれる専門の先生がいるわけがない。生んだお母さんが、その役をつとめなくてはならない。これまで人類、何千年もの歴史の間に、それが当たり前になってきたのである。

近代になって、学校という勉強するところができたために、長い間つづいてきた母親がわが子にことばを教えるということが、いくらかなおざりになるきらいがあったのはたしかである。

いろいろな文化がここ百年、百五十年の間にたいへんな進歩をとげているのに、子どもにとって、いや、人間にとってもっとも大切なことばの習得が、逆に、おろそかにされ、退歩してしまったのである。

学校で教えてくれるとノンキに考える人がいまも少なくないが、小学校で、子どもの〝はじめのことば〟を教えることはできない。だいいち、遅すぎる。生まれてから六年もして、もてる天才的能力がかなり枯れしぼんでからでは手おくれである。

それに、学校は文字を読むこと、書くことを主に教える。話し・聞くのは家庭ででできるようにしてもらっているだろうという前提であるが、それがそうではない。となると、子どもはことばをしっかり教えてもらわないで大きくなるというおそるべきことがおこる。

いや、読み書きができればいい、話し・聞くのは放っておいてもできるようになる——そういうとんでもないことを考える人がいまでもいるのである。

話すことばより書く文字のほうが高級で、大事であると考える人はいまなおきわめ

て多い。残念ながら、たいへんな誤りである。もちろん書くことば、文字は大切で、それによって文化が発達してきたのは事実であるけれども、人間にとって、声のことばは文字や文章よりもはるかに、ずっと大切である。

早い話、文字を読んだり書いたりできなくても、人間はりっぱに生きていかれるけれども、話すことばが全然わからなかったら、生きていかれるかどうかはわからないくらいである。

学校ができて、文字を読み、書くことばかりを教えるようになって、人間の能力は一部、退化したようだ。少なくとも話すことばを軽んじて、めいめいのもっている言語的天分を殺してしまっていることが少なくない。

話しかけをおろそかにする母親

昔から、生まれたばかりでことばを知らない赤ちゃんに、ことばを教えてきた。教えるという自覚はなく、ごく自然に教えてきた。おっぱいをふくませながら、お母さんは、赤ちゃんに何かことばをかける、わからないだろうとは思っても、いろいろのことを半ば本能的にしゃべる。これが実はことばを教えることになっていたのである。

赤ちゃんを見るとお母さんは、黙ってはいられないで、思わず、何かしゃべりかけるようになっているのであろう。

もちろん、最近でもきちんと子育てをしているお母さんは赤ちゃんにたくさん声かけをしているし、そういうお母さんが多いはずである。育児ノイローゼや母親であることに自信をなくし不安になっているお母さんに対しては、赤ちゃんへの話しかけの重要性が説かれてもいる。

それでも、「返事もしない赤ちゃんにものを言うのって気味が悪い」などと感じている若い母親がふえているとすれば、文字中心の教育を受けてきて、ことばの本当の意味がわからなくなってしまったためであろう。そういうお母さんは自分自身、お母さんから、はじめのことばをたっぷり与えられなかったのかもしれない。

昔のお母さんは、赤ちゃんをだっこしたり、おっぱいを与えたりしながら、絶えず何か話す。

オッパイ　オイシイネ
オッパイ　オイシイネ
オイシイネ　オッパイ
オッパイ　オイシイネ

そばにイヌがいれば、
ワンワンがいるネ
ワンワンがいるネ
かわいいワンワンだネ
ワンワンはかわいい

などと出まかせのようなことを言う。これが赤ちゃんにとってはかけがえのない〝お手本〟になる。何度もこういうことばを聞いていて、赤ちゃんは、オッパイ、おいしいということばを覚えていく。イヌが何かということもわかるようになる。

ことばは繰り返し繰り返し聞いていて、わかるようになるのである。赤ちゃんに、一度でことばを覚えさせることはできない。ことば百遍、おのずから会得、である。

ゆっくり、繰り返し、はっきり話す

少し前のことになるが、アメリカの知的女性の間で、〝お母さんことば〟（マザーリーズ＝motherese）が注目されたことがある。それまで赤ちゃんに向かって話してきたことばがあまりにもいい加減であるという反省にもとづいている。

要点は、まず「ゆっくり話すこと」である。人間はどこの社会でもだんだん早口になる傾向がある。赤ちゃんにとって未知のことばである。ゆっくり、ていねいに話してやるのがよい先生というわけである。

ついで「繰り返すこと」である。一度言えばわかる、のは大人のことである。アメリカの作家ウィラ・キャザーの残したことば「ひとつでは多すぎる。」（One is too many.）を借りれば、〝はじめのことば〟では、一度では多すぎる。つまり、一度だけではいけない。同じことばを繰り返すのである（この点は、日本の赤ちゃんことばでも同じである。ワンではなくワンワン、ブーではなくブーブー。目ではなくおメメ、手ではなくおテテ、という調子である)。

もうひとつは「抑揚をつけること」である。一本調子に言うのは、聞いているほうからすると、聞きづらい。わかりにくい。ダラダラしゃべるのではなく、メリハリがあったほうがよくわかる。ついでに声は高いほうが低いよりも赤ちゃんには親切である。概して女性の声が男性の声よりも高いのは、お母さんから〝はじめのことば〟を習う赤ちゃんにとって好都合である。

さらに「はっきり話すこと」。聞き取る側からすると、ことばの切れ目がはっきりしているのがありがたい。ひと言ひと言を、ゆっくり、大きな声で、ていねいに話せば、自然とはっきりしたことばになる。幼い子が話しはじめのころに片言を言うのは、はっきりしたことばを聞かなかったか、充分でなかったためであろう。

そして最後は、「なるべくほほえみをたたえて話しかけること」である。赤ちゃんに対しては腹を立てることは少なくないはずであるが、早くことばを覚えてもらうにはいい気分であったほうがいい。にこやかな話し方であれば、お母さんのことばはみんなウタのように聞こえるであろう。

この〝お母さんことば〟は日本では、女性差別であるという意見もあって、ほとんど広まりを見せなかった。子どもの〝はじめのことば〟について考えるときに、大人のイデオロギーをもち出すのは感心しない。

お母さんがお父さんより、子どもの〝はじめのことば〟の先生としてすぐれているというのは決して差別ではない。女性のすぐれた能力を認めているのにほかならない。一般に女性が言語能力において男性に勝っているというのは、もともと認められてきたことである。エストロゲンという女性ホルモンのせいであるという説がある。

〝はじめのことば〟を教えてもらう赤ちゃんにしてみれば、能力のより豊かなお母さんから習ったほうがありがたいことははっきりしている。

お父さんがお母さんの代わりに教える場合、先の〝お母さんことば〟が参考になるのは言うまでもあるまい。

いずれにしても、〝はじめのことば〟がたいへん大切である。そのことを、改めて考えなくてはならないだろう。

いろいろな意味をもつ一語文

生まれて何カ月か、赤ちゃんは、ことばを発することはできない。聞くことは聞いているけれども自分ではことばを出すことがない。じっと準備していると考えることができる。

そういう赤ちゃんのはじめて口に出して言うことばは、

ワンワン

マンマ

ブーブー

といった、単語である。しかし、これが独立した意味をもっている。たとえば、

ワンワン

は、ただ、イヌというだけではなく、

ワンワン（いる）
ワンワン（こい）
ワンワン（かわいい）
ワンワン（走っている）

など、いろいろの意味を含んだ単語である。こういうのを一語文と言う。文というのは適当ではないが、まとまったことばということである。一語だけで、まとまった、ことを表している、ということである。まわりの大人がその意味をはっきりとらえていないこともありうる。片言の代表的なものである。

たいていの子どもは三歳くらいになれば一語文を卒業して、あとへ、先ほどカッコで示したようなことばを補うようになる。ときには、小学校へ入ってもなお一語文をひきずっている児童がいないわけではない。

これはある有名小学校の一年生担任の先生が本に書いていることだが、子どもが、

「センセイ、ホチキス〜」

と言う。先生が、

「センセイはホチキスではありません」

と答える。それでも、

「ホチキス」

と言う。何度も問答して、やっと、

「ホチキスをかしてください」

と言えるようになったそうである。一語文からセンテンス（文）へ進化したのである。

しかし、幼い子にとって、一語文を使う時期があってよいのである。はじめから、整ったセンテンスを言わせようとするのは、むしろ不自然である。

年をとった夫婦が、

「メシ」

「フロ」

「お茶」

などということばを使うことが少なくないが、幼児へ逆戻りしたのであろう。一語文は案外、ことばの基本であるかもしれない。

いずれにしても、赤ちゃんが一語文を話せるようになるまで、お母さんのほうも一語文を話すことはむしろ当然であろう。大人が片言を話したりしておかしいなどと言って、きちんとしたセンテンスをしゃべるのは、赤ちゃんにとってはありがたくないことかもしれない。

昔は子だくさんな家族が多く、下の子が一語文を口にするのを聞いて育つ上の子が多かった。そういう人は、自分が母親になって子育てをするとき、お母さんことばがごく自然に出てくる。

少子化で、きょうだいがいない育ち方をすると、赤ちゃんことばが自然に言えないことになる。

少子化は、そんな点からも、生まれてくる赤ちゃんにとってありがたくない環境であるということになる。

それだけに、昔の人がとくに心がけることもなかったことを、いまは、しっかりするようにしなくてはいけない。

少子化の子育てのむずかしさ

戦後、外国の影響で、子どもは少ないのがよいという考え方が広まった。苦しいお産をしなければならない女性が、それを歓迎したのは不思議ではない。子どもは少ないほどよいというのが暗黙の常識になって半世紀になる。日本はいま世界でも有数の少子国である。

少し行きすぎたかと心配する人たちがあらわれた。政治家が少子化対策を検討するまでになった。といって、少子化対策によって、生まれてくる子のことを案じているのではない。人口が漸減すれば、労働力が不足し経済が衰え、年金制度なども維持できなくなるというモノとカネの思想である。本質的に子どもが、ひとりではいけない、というのではない。

少子化が大きな問題であるのは、そういったモノとカネにまつわる不安があるから

ではない。生まれてくる子どもがりっぱに育つかどうか疑問だからである。

人間は何千年来、多子であった。ひとり、ふたりで育つのはむしろ異例であった。子育ても多子家族を中心に考えられてきた。ひとりっ子をどうしたらりっぱに育てられるか、などほとんど考えられたことはない。子どもが少ないほど、よく手がまわって、行き届いた養育ができるようになる、とぼんやり思われていた。

少子家庭の育児は子だくさんの家庭の子育てよりはるかに困難であるということを真剣に考えている人が少ないらしいのは、何とも困ったことである。

サルの実験がある。生まれて間もない子ザルを群れから離し、オリに入れて飼育する。細かい面倒を見てもらえるのだから、一匹ザルはほかのサルより幸福で、より高い発達をしてよさそうである。ところが、少し大きくなって、オリから出し、もとの群れへ返すと、とんでもないことが起こる。

ほかのサルと折り合いをつけて生きていくことができない。トラブルが起こる。ひとりザルは思い切り相手に嚙みつき、ときに致命傷を負わせたりする。当然、ほかのサルからきびしい反発を受け、疎外される。

子ザルのときから群生してきたサルは、嚙むときも、傷を与えないように嚙むことを覚えていて、問題を起こさない。群れザルは、ほかのものといっしょに遊んでいて、自然と社会性を身につける。オリで育ったサルに、そんなもののあるはずがない。

人間はサルとは違う。

ひとりで育っても、社会性がまったくないなどということはない。子ども心は、きょうだいがあろうと、なかろうと、すべての子に育まれる――とノンキに考えるのは、危険かもしれない。ひとりで、人間的能力をのばすには、かなり、あるいは、きわめて大きな努力が必要である。

少子化の社会、家庭では、このことをよく考える必要がある。

教育の開始はゼロ歳児から

生まれて小学校に入るまで、子どもは教育らしい教育はほとんど受けない。そのために、子どもがどれくらい大きな被害を受けたかわからない。もちろん子どもはものを言うことができない。こうしてほしいと訴えることなど、もちろんできない。それでそのまま放置されてきたというわけである。

もともと教育の考えが少し歪んでいたのである。長い長い間、教育は家庭と社会で行なわれた。学校はほとんどなかった。

その数少ない学校は大学であった。まず、はじめに大学があった。そこで知識を必要とする仕事、専門職につく人たちの養成が行なわれたのである。したがって、広い意味での専門知識、学術を教えることのみを考えた。

大学でいきなり細かい知識を教えることが難しいから、その下に予備的学校ができる。さらにその下に学校が生まれる。こうして大学から高等教育、中等教育、初等教育と下がってくる系統が確立する。その教育の中心は大学であった。このことがいまはほとんど忘れられている。

どうしてかというと、別の教育の体制が生まれたからである。ヨーロッパでは十八世紀の終わりにやっと普通教育が始まる。小学校に当たるものができる。これがたいへんな勢いで広まって、十九世紀に入るとヨーロッパの主要国では初等教育が定着する。

日本は鎖国を解いて、欧米の文化を模倣することになり、いち早く、この普通教育を始めた。明治五（一八七二）年である。

この普通教育がスタートしても、中世以来の大学中心の制度は依然として教育の中軸でありつづけた。そのため、近代教育と伝統的教育の二本立てになってしまった。この問題は現在なお解消していない。

いまの教育のシステムは、大学中心の逆ピラミッド型（▽）体制と、小学、中学、高校、大学と登っていくピラミッド型（△）の二つに分かれている。

実際は、前者を重視していて、学校の名も、初等教育を「小」学校、その上、「中」

学、「高」校を経て、「大」学がもっとも重要であるという名称になっている。

人間の発達を考えると、これが不合理であることは明らかである。

はじめにものべたように、人間がもっとも高い能力の可能性を秘めているのは生まれてから四十カ月くらいであるとすると、小学校就学時には、子どもの能力はすでに少し衰退しているのである。

初等教育を五、六歳から始めることにしたのは、教育上の理由ではない。学校が少なく、先生の少ない状態だったから、子ども一人ひとりの教育など思いも及ばぬことである。子どもが歩いて、ひとりで通学できるまで、就学を保留したのである。

家庭は学校ができて、子どものしつけ、育成を学校に委ねるようになった。しかし、その学校は、子どもが通学するまで教えられない。それで小学校入学までの期間、教育の空白が生じてしまった。そのために人類はどれくらい大きなものを失っているか、はかりしれないが、それを考える人もないのである。

教育の開始をゼロ歳児まで引き下げよう、というのが、この本の主張である。

知識を教えるのではなく、子どもがもって生まれる五感を育てるには小学校ではいかにも遅い。

空気のしつけとは？

生まれたばかりの子は、主として、お母さんことばでことばの力をつけていくが、それだけではない。まわりの家族からもいろいろことばにならないことばを学ぶのである。空気によるしつけである。

かつての同僚に池田麻耶子さんという方がいた。日本語の先生だった。はじめて教授会で報告されるのを聞いてみんなが驚いた。これまで、そんな美しい話し方をする人を知らなかったからである。

よく〝鈴をころがすような声〟といって女性のことばをほめる、いや、ほめたものであるが、池田さんの声は〝金の鈴〟をころがすようであった。ふだんは委員会報告などには馬の耳である連中まで、その声にひかれて謹聴した。大声ではないのに、よく通る。よけいな声、エーとか、ネとかは一切なく、涼風が吹いていくようで、半ば音楽を聴く思いであった。

あるとき、そっと聞いてみた。お父さんから特別に何か教わったのか（池田さんがかつてのＮＨＫの名アナウンサーのひとり娘であることは知っていたからである）。

池田さんは少しはにかんで、「何も教わった覚えはありませんが、ときどき、そんなことを言うものではない、と言われたことはあります。でも父の話はよく聞きました。影響を受けたのでしょうね」という答えだった。

まさに空気のしつけである。話しぶりはとにかく、声音まで美しくできるのだとしたら驚くべきことである。

このごろの若い人がけたたましい大声でわめき叫ぶようにしゃべる。はなはだ耳ざわりだが、世間一般はそうした騒々しいしゃべりになれているせいであろう、不快だという人もいない。

声がきたないだけではなく、とんでもない早口で、よく聞きとれない。そしてやたらに金切り声で大笑いする。かつての女性は、ホッホッホ、フッフッフ、男性はハッハッハ、ヘッヘッへ、とハ行の音で笑ったものであるが、いまは、男女平等に、カッカッカ、キャッキャッキャッキャッキャ、ケッケケケッケケとカ行音で大笑いする。

これは、家庭の親たちが子どもに教えたものではなく、茶の間にあるテレビがしつけたことである。テレビが金属音を出すのはしかたないが、それにしつけられた子どもは、声の質を決定づけられてしまったのである。テレビの音声を変えるのは難しいが、きれいな話し方をしている朗読のカセット・テープを聞かせることはできる。せめてアナウンサーくらいはやわらかく、美しいことばを話すようにしてもらいたいものである。

日本人の耳がしばしばよくはたらかないのは幼いときに、美しい声、おもしろい話を聞くことが少ないからであるように思われる。そういう中で、昔から、〝おとぎ話〟を聞かせる習慣があったのは注目すべきことである。

ところが、子どものとき、しっかりおとぎ話を聞いたことがなかった人は、わが子におとぎ話をすることができない。うろ覚えの話などすれば、「きょうは違うネ」などと子どもにつっこまれて、恥をかき、もうやめ、となる。

そういう親たちが始めたのかどうか、〝読み聞かせ〟が広まっている。知的なお母さんの間で人気がある。おとぎ話は古くさく、読み聞かせは進んでいるように考える向きが少なくないようだが、注意しなければならないことがある。

読み聞かせをする親は、本を見て読んでいる。それを子どもは聞いているのである。直接に子どもに向かって話しかけるのとは、はっきり違う。ことばは相手の顔を見て使うのが本当である。

読み聞かせは、立ち聞き、に近いものになるということをわきまえる必要がある。

そういう配慮があれば、読み聞かせは大いに結構、少なくとも、何もしないより、どれほどましか知れない。

なぜ〝総領の甚六〟なのか?

子だくさんの時代に、〝総領の甚六〟というヒドイことが言われた。長男がほかのきょうだいに比べると、いくらかおっとりしていることを、あけすけに言ったもので、長男にはありがたくない(かく言う私自身、その長男で、折りにふれて、これを思い出してきた。ひどい言い方であるが、やはり当たっている、と思うことも少なくない)。

ほかのきょうだいと、資質に違いがあるわけではないのに、はっきりした差が認められるとすれば、育ち方の状況によると考えるほかない。

はじめての子は、両親とすごす時間がほかのきょうだいより長い。つまり、ひとりっ子の期間がある。このことが、長子の発育、発達にマイナスにはたらくのではないかと思われる。二番目以下の子は、生まれたときから〝子ども〟、つまり複数経験がある。子どもは子どもに、親、大人が与えられないしつけをするということを考えると、はじめて生まれてくる子のハンディは大きいと見てよい。

〝総領の甚六〟ばかりではない。何人もきょうだいのいる場合、〝末っ子は三文安い〟という人権蹂躙的ことばが残っている。末っ子も、ほかの子と触れ合うことが長子ほどではないにしても、はっきり少ない。その分、親は末っ子を深く愛するが、これが仇になるのだと、古人は冷酷に見ていたのである。

子だくさんの家庭では、長子と末子以外は〝子ども〟、つまり複数でありうる。その間につちかわれる能力が、長子、末子との差をつけるのだと見ることができる。子どもの数が減ってきたら、まず、この点についてよくよく考えないといけない。

子ども手当を出せば少子化対策になるというのは無知な政治家の発想であって、国家百年の計とはおよそかけ離れたものである。

少子化を早急に解消することなどできるわけがない。とすれば、少子化家庭の〝ひとりの子〟をなるべく〝子ども〟にしてやる配慮が緊要である。

よその子と遊ばせると悪いことを覚えてくる。幼稚園児の母親たちが言うけれども、〝子〟が〝子ども〟になるには、その〝悪いこと〟も大切なのである。ひとりっ子を抱えこんで、かわいがるのは賢くないのである。

ほかの子どももまれているうちに、子どもを包んでいるカラがとれて、人間らしさがあらわれる。「かわいい子には旅をさせよ」というのは、少し違った意味のことわざだが、閉じこめておいてはいけない、という意味を読みとることは可能である。よその子と遊ぶと、悪いことばかり覚えてくる、と親は言うけれども、子どもにとって、その悪いことが、クスリになることもある。もらってきた悪いことはいずれ消えるから心配いらない。風に当てない温室育ちにすると、ちょっとしたソヨ風で風邪をひくようなヒ弱な子にしてしまう。

なるべく早い時期に、わが子を浮世の風に当てる。同じくらいの年齢の子たちのいるところへ連れて行って、その空気を吸わせる。これがすぐれた教育になる。

実際にはなかなか難しいことがあるが、保育所はたくまずに、子を子どもにしている。保育所での群生は、子どもにとって、かけがえのない教育を半ば無自覚に行なっている。保育所がそれを自覚すれば、新しい教育が始まるだろう。

もう一度、ウィラ・キャザーのことばを借りよう。

ひとりでは多すぎる。

群生、共生によって、子は子ども、となり、実のある人間になる。

第二章

みんな、絶対語感をもっている

心の糧《かて》になる母乳語

赤ちゃんが生まれるとすぐ母乳やミルクを与える。おなかがすいたから、おっぱいがほしいと言う赤ちゃんはいないけれども、母乳をやるのである。もし、何も与えなければ赤ちゃんは生きていられない。すべての子は母乳、あるいは、それに相当するものをもらって、めきめき成長する。

そのころの子どものことばは、ちょうど母乳のようなもので、おっぱい、ミルクで体がどんどん育っていくと同じように、はじめのことばは、赤ちゃんの心の糧になり、だんだん、もの心がつくようになる。

このはじめのころの、赤ちゃんことばを母乳語と呼ぶことができる。たいへん大事であることは、母乳と同じで、もしまったくこれを与えなければ、もの心がつかず、たいへんなことになるおそれがある。

何が何でも、ことばをかけること。もちろん赤ちゃんはそれに答えることはできないけれども、聞くことはちゃんと聞いている。わけはわからなくてもことばの〝勉強〟をしている。それが、赤ちゃんの心の発達にとってきわめて大切であることは、母乳が赤ちゃんの体を育てるのとまったく同じである。

母乳語はそれくらい大切である。しかし、これまでは、この母乳語の考えもなく、したがって、いい加減なことばをいい加減に聞かせていることが多かった。赤ちゃんにとって、たいへんな災難のようなもので、せっかくもっていることばの才能もそのために充分に伸びることがなかったのである。

遅まきながらでも、母乳語をしっかり与えよう。そこから新しい人類の文化が芽生え、花ひらく可能性がある。

先に、お母さんことば、マザーリーズについて書いた。母乳語はそのマザーリーズと同じである。ゆっくり、繰り返し、抑揚をつけ、なるべく笑顔で話す。

赤ちゃんはお母さん、あるいは、話しかける人の言っていることがわからない。はじめのうちは、まったくわからない。だから、反応しない。もちろん返事などできるわけがない。

昔の多くのお母さんは、理屈を言わず、ただ、赤ちゃんに向かってことばをかけた。実は、母乳語をしっかりやっていたのである。

赤ちゃんは、まだ、返事はできないが、ことばをかけてもらわなくてはいけない。ただ、それを、おっぱいがほしくて泣くというように大人に伝えることができない。母乳語に飢えていても、泣く赤ちゃんはいないだろう。

それをいいことにして、母乳語を与えることをしないお母さんがふえているとすれば、大きな誤りというほかない。

お母さんにしても、とくに、言いたいことがあるわけではない。言いたいことがないのにしゃべるのは難しい、と理屈をつける人がいるから、赤ちゃんも楽ではない(人間は、言いたいことがなくてもしゃべるようになっている。とりとめのないおしゃべりは、おそらく、人間にとってもっとも楽しいことのひとつであろう)。

何でもことばにして聞かせる。

ワンワンがいるネ
ニャーニャーもいるネ
ワンワンかわいいネ、しっぽふってる

ニャーニャーもかわいいネ、こっちを見てるよ
おテテもかわいいネ、小さいおテテ、かわいいネ

こんなことを毎日のように繰り返していると、赤ちゃんは、ワンワン、ニャーニャー、かわいい、などということばを覚える。二度や三度では覚えないが、何度も繰り返し聞いていると、〝自然に〟ことばがわかる。どうして、子どもがことばを覚えるのか、いまなお、はっきりしたことはわかっていないのである。しかし、子どもはみんな、ことばを覚える。

母乳語から離乳語へ切り替える

子どもによって違いはあるが、二、三年のうちに、母乳語は卒業する。ということは子どものもの心が半分でき上がったことになる。昔の人が三つ子の魂と言ったものの前半ができたことになる。しっかりした三つ子の魂は、後半分を必要とする。それが離乳語である。母乳から離れる離乳に相当することば。

母乳語で、三つ子の魂の前半ができ、そのあとは〝離乳語〟によって、三つ子の魂の後半をつくり上げるという寸法である。

母乳語は、目の前に見えるもの、手に触れるもの、いま食べているもののことをことばで表す。ことばといっても文字ではない。声である。それを繰り返し聞いていると、不思議なことに、まったくわからなかったことばの意味がわかるようになる。

どうして、ゼロからスタートして、比較的短い間に、声に意味があり、指すものがある、ということがわかるのか。よくはわからないけれども、すべての赤ちゃんが、それをやってのける。

母乳語は具体的である。

見たり、さわったりすることのできるモノについての名前が中心である。人間にとってもちろんこれだけでは足りない。人間の文化は、目に見えず、声にも聞こえず、形もないことばによってつくられている。

母乳語が具体語であるのに対して離乳語は抽象語である。両者はまったく違う。母乳語は具体的なおっぱいのようなものであるとするなら、離乳語は〝オハナシ〟である。ことばの実体を見ることはできない。心の目では見ることができても、目の前のもののようには見えないから厄介である。

赤ちゃんには母乳が欠かせないのは言うまでもない。だからといって、いつまでも、おっぱいを与えつづけていれば、栄養が不足して成長が充分でなくなる。

そこで、適当な時期に、離乳しなければならない。赤ちゃんによっては、すんなり離乳したがらないこともある。昔から乳首にカラシをつけて離乳させた例もある。離乳食は母乳と違って固形物が多くなる。

母乳から離乳食へ移るのと同じように、母乳語から離乳語へ移る必要がある。

もともと、母乳語とか離乳語といったことばはなかったから、赤ちゃんのことばは、ひとつであるように教えられてきた。これに特別な配慮をする親はほとんどいなかったと言ってよい。結果として、ことばの離乳ができない、あるいは不充分な子どもが多くなる。そのために大人になっても抽象的なことばがよくわからないということになりかねない。

心の糧となることばの力をしっかり〝引き出す〟方法を真剣に考えたい。

離乳語はウソのつけることば

母乳語は、ことばとモノとがいっしょになっている。切れていない。ワンワン、イヌと言えば、実際にイヌがいるときである。見えるところにイヌがいないのに、母乳語ではワンワン、イヌと言うことができない。それが具体的ということである。ことば（名前）とモノを結びつけるのが母乳語である。

離乳語は全然、別のはたらきをすることばである。ことばとモノゴトはいっしょになっていない。ことばはことば、モノはモノということがわかったとき、抽象的なことばがわかるようになるのである。

母乳語は現にあるものについてのことばであるから、そこにないものを表すことができない。本当のことばかりである。ところが、離乳語は、逆に、ことばとモノゴトとは別々のものであるという建前になっている。母乳語ではウソをつくことができないが、離乳語では実在しないことをあるように言うことができ、ウソをつくことができる。

ウソなんかつけなくていい、と早まってはいけない。ことばは高度のコミュニケーションの手段であるから、本当のことだけしか言い表せない、なんてことはない。人類は、この世に存在しないことを、ことばで表現し、それを理解することで文化というものをつくり上げてきた。ことばはそれをひきつぎ、次の世代へ伝えるのに欠かせないものである。

動物にもいくらか言語に似たものが認められはするけれども、この抽象的言語をもつまでに至っていない。動物はウソをつくことはできない。少なくとも、人間のように、美しいウソ、フィクションをつくることは不可能である。

こういう理屈は、実は、どうでもよい。しかし、母乳語に当たるものを抽象語へ切り替えるのは絶対に必要である。

昔の人はノンキで、自然にまかせていた。そのため、母乳語、離乳語の区別はもちろん、ウソのつけることばが人間にとって大切であることをはっきり理解することはほとんどなかった。

それでも、実際に、高度の言語活動ができるようになったのは天の配剤というか自然の摂理であると言ってよかろう。わけもわからず、たいていの親が、わが子のことばの離乳をしてきた。母乳語を捨てるのではなく、離乳語を加えることにした。〝オトギバナシ〟である。

おとぎ話と絶対語感

むかし、むかし、あるところに、おじいさんとおばあさんがおりました……。

昔というのは抽象・概念語で、見たり、さわったりできない。あるところ、というのも抽象的である。おじいさん、おばあさんは具体的に見えるが、むかし、むかし、あるところのおじいさん、おばあさんは時空を超越した架空の世界である。

そんなことばがすぐわかるわけがない。一度聞いただけでおとぎ話がわかった子どもは、これまで一度もこの世にあらわれたことはない。まったくわからない抽象的言語世界が、幼い頭でわかるようになるのは、繰り返し聞くからである。母乳語、マザーリーズが繰り返し言い聞かせる必要があったのと同じである。

ことばは繰り返しで身につく、わけがわかるようになる。

繰り返しが必要だが、いつまでもモモタロウというわけにもいかないから、しばらくしたら変える。カチカチ山もいい。イナバの白ウサギも悪くない。それぞれ充分、繰り返して聞かせる。

年長になると子どもによっては、「どうして、モモタロウのサルやキジはモノを言うの?」などと聞くかもしれない。これにまっとうに答えることはだれにもできないことだから、「おはなしだからね」など適当に言い逃れるより手がないだろう。

いまの時代、モモタロウ、カチカチ山ではいかにも古い。アンデルセンがある。グリムもいい、という若い親が多い。離乳食も昔のような和食ではなく、パンにチーズといったのが気に入るという家庭が多いかもしれない。

どちらがどうとは言えないが、おかゆのような和食で離乳するか、パンとチーズにするか、案外大きな問題であるかもしれない。

この離乳語について戦後、新しい流行が始まった。昔話や童話を素語りで話し聞かせるのではなく、本を読んで聞かせる、いわゆる〝読み聞かせ〟が、多少とも知的であることを誇りにする若い母親によって始められたのである。

ひとつには、自分自身、幼児のときにおとぎ話をよく聞いていなくて、ソラで言えるハナシがない。子どもは案外鋭くて、前と違ったことを言うと、違うと言って大人をあわてさせる。本を読んでいれば、そういう心配はない。

本というのが、外国モノが多い。翻訳が少なくない。だいたい、本は、原稿によっている。原稿のことばは声を失っていることが多い。ことに翻訳モノには声があいまいである。そういう本を読むのでは、いくらお母さんの声でも肝腎なぬくもりに欠けることがないとは言えない。

読み聞かせより、その本を自分なりに覚えて、子どもに向かって自分の声で話してやるほうがずっと効果的であるように考えられる。読むのと語りかけるのとでは、ことばのスキンシップが違う。

子どもはそのスキンシップから大人の想像もしないような多くのことを吸収しているのである。おばあさんの、おとぎ話がいちばんいいかもしれないが、そのおばあさんが傍にいない子が多い。

テープでおとぎ話を聞かせるのはどうか、と尋ねた人がいる。何もしないよりはましだが、スキンシップに欠けるのが難である。

それはともかく、子どもは早くから発達したすぐれた聴覚のおかげで、母乳語、離乳語を経て、生まれてからわずか三年か四年で、ひとつのことばをほぼマスターする。

だれかに教えてもらってことばが話せるようになるのではない。自分の力でことばの文法、システムをつくりだすのだから驚く。

この言語能力を、私は〝絶対語感〟と名づけた。はっきり解明されたわけではないが、人間にはこの絶対語感が潜在的な言語能力として備わっていると考えられる。

音楽の世界で、音の高低を区別する能力を絶対音感と言う。絶対音感は普遍的なものだからだれにとっても同じである。ところが絶対語感は一人ひとり異なる。それぞれが異なる環境の中でつくり上げた、個性的なことばのシステムである。

おとぎ話もおもちゃも与えすぎない

　おとぎ話を聞かせ、ほんの少し現実離れした世界を見せることは、子どもにとってよい刺激になる。自分の目に見えない世界について感じることができるようになる。おもしろがっていろいろなことを知りたがるようにもなる。ゆくゆくはそれが知識の習得や学ぶ意欲につながる。

　しかし、子どもの生活の大部分は、体で経験し実感する世界でなければならない。フィクションの世界を少し入れるのはいいが、フィクションの中に子どもを封じこめてはいけない。いまは教育熱心なあまり、おとぎ話や読み聞かせをしすぎるきらいがある。その上、テレビを見せる。テレビはフィクションの世界である。

　フィクションが多すぎると、ウソの世界がナマの世界とぶつかるようになる。たとえば小学生ぐらいになると、いろいろな話をよく聞いていた子どもは、知識はあるから、本当の富士山は見ていないのに、絵や写真を見ただけで富士山がわかったつもりになったりする。

近くに行って本当の富士山を見ると、写真と違うので、「あれは本当の富士山じゃない」などと言ったりする。

これは極端な例だが、フィクションを頭に入れすぎると、あとで本当のものが出てきたときに、どちらが本当のものかわからなくなってしまう。ウソのほうを優先してしまうことがある。

大人は「これはお話だ」とわかるが、子どもにとってはどれが本当で、どこまでがお話か、見極めがつかないことが多い。量が少なければ問題ないが、お話の世界やフィクション、ウソの世界が大きくなりすぎると、子どもの頭の中で混乱が起こる。だから昔の人はほんの少ししかおとぎ話を聞かせなかったし、おもちゃなどはほとんど与えなかった。

おもちゃもフィクションであり、ある程度は必要である。しかし、おもちゃの中に生活があるのではなく、生活の中の一部におもちゃがあるのである。おもちゃがたくさんありすぎて、おもちゃの中で一日を過ごすようになったりしてはおもしろくない。

おもちゃの山の中で育った子どもは、現実的な感覚が麻痺し、具体的なことが起こったときにそれに対する反応がよくなくなる。健全な心身の状態ではなくなる危険がある。

おもちゃは極端なことを言えば、何かひとつ与えておけばいい。それに飽きたらほかのものをおもちゃにする。

おとぎ話はそのフィクションのひとつであり、子どもの知能の発達に欠かせないものである。一方で、現実の世界での経験が少ない子どもに、フィクションの世界を与えすぎないという配慮が必要である。

親子の間に入り込んだテレビ

これまでの実際の子育てでは、ここまでのべてきたような母乳語、離乳語を教えることはないと言ってよい。子どもはことばを自然に覚えると言った昔とあまり違わないのではないか。

そこへ入りこんできたのが、テレビである。テレビはたえず、音を出している。画もある。ことばも流す。赤ちゃんはそれを聞いて、いろいろのことを覚えているに違いない。戦前には考えられなかったテレビっ子がたいへん多くなった。

これがこれまでとは違った人間を生み出していることを、世の中はうっかり見落としている。

テレビのことを悪く言うのではないが、新生児、幼児のことばの先生として考えると、昔の母親のことばのしつけに遠く及ばない。一見、逆のように見えるかもしれないが、そうなのである。いちばんいけないのは、スキンシップが欠けていること。まるで別世界からのことばである。

しかし、子どもは毎日見ていれば、そのうちに、テレビ語が半分くらいわかるようになる。お母さんの話してくれるお話よりよくわかる。はっきりわかる。映像がついているからである。

お母さんの話すことばには、いつも映像があるとはかぎらない。そうすると、テレビのほうが、ことばの先生としてお母さんよりすぐれていると考えたくなるけれども、そうではない。

お母さんの話には絵がついていないが、テレビは絵のほうが中心で、ことばは伴奏みたいである。そのため、ことばのわかりはよくなる。わかりやすい、ということは、ことばを学ぼうとしている子どもにとって、必ずしもよいことではない。想像する必要が少なくなるのが、わかりやすさなのである。

絵のついていないお話を聞くのは、テレビを見るより、ずっと高度の頭のはたらきを必要とする。おとぎ話は絵にならない抽象をふんだんに含んでいる。

大人だって、考えてみると、なぜモモから人の子が生まれてくるのか、わかる人はほとんど、いや、まったくいないだろう。しかし、それを繰り返し聞いていると、わかったような気になる。わからないところを想像力で補って、わかったと思うようになるのである。

テレビは想像力を弱らせる

テレビはラジオよりあとからあらわれたために、ラジオより進んだもののように考えがちだが、表現の様式としてはむしろ遅れていると考えることができる。対象をあるがままに再現しているからである。

このごろは、立体的再現をしようという3D技術が普及し始めている。3Dテレビはいまのテレビ以上に、実際、具体に近い。わかりやすい。それだけに表現様式としては低次のものである。

いまの世の中は、技術的には進んでいるけれども、理解が低次のものをありがたがる傾向がある。それで、想像力を弱らせていることに気づかない。

カラー映画があらわれたとき、人々はたいへん進んだ映画が生まれたように思ったのであるが、案外、おもしろ味が少ない。むしろ白黒映画のほうが〝おもしろい〟と考える人が少なくなかった。

カラー映画は白黒映画よりも、具体的である。見る人はそれだけ想像力を刺激することが少ない。おもしろさは、想像力を刺激されて感ずるものだから、カラー映画が具体的であるだけ、おもしろくない、ということになって当然であろう。

テレビとラジオについても、似たことが言える。テレビがラジオよりも具体的であるだけ、ラジオよりわかりやすく、それだけ想像力をはたらかせることが少なくてすむのは、それだけ〝おもしろく〟なるのではなく、つまらぬものと感じられる。

テレビばかり見ていると、頭のはたらきがよくならない。素語り、絵のない話は、わかるには想像力を働かせることになるから、子どもにとって大切な教育となる。

子どもは生まれつき、豊かな想像力を潜在させている。おとぎ話のような抽象的な話を聞かせて、刺激し、眠っている想像力を目ざめさせ、引き出してやる必要がある。

大昔から、人間はそういう育ち方をしてきたのに、近年、テレビがあらわれて、架空というか、非現実的なことばを理解する機会が失われることになった。

それでただちに、子どもの知能の発達が遅れるということはないにしても、大きな支障になるのは充分予想される。

ことばの声を雑にするテレビ

アメリカでも、テレビが普及した二十世紀の後半になって、子どもにテレビを見せるのは是か非か、というので、「TV or not TV」（ティビー・オア・ノット・ティビー）が国民的論議となった（シェークスピアの小説『ハムレット』の名文句、トゥー・ビー・オア・ノット・トゥー・ビー・ザット・イズ・クエスチョン＝To be, or not to be ; that is the question. をもじったものである）。

それより前、日本では、社会評論家の大宅壮一が、「テレビ、一億総白痴化」と言って人々をおどろかせたことがある。やはり、テレビだけ見て喜んでいると、知的に退化する心配のあることを率直にのべたものである。

赤ちゃんのベビー・シッターとしてテレビが流行し、いちばん迷惑したのは赤ちゃんである。しかし、赤ちゃんはそれをやめてほしいと訴えることができない。大人が、社会が、それを察することができなければ、人類の文化が退行する危険がある。

そうかといって、いま、テレビなしの生活は考えられない。どうしたら、この困難な状況において、子どもの知能を伸ばすことができるか、真剣になって、考えなくてはならない。

その答えは、すぐには出てこないだろう。親はめいめい、どうしたら、賢い子を育てられるかを考えて、もっともよいという方法によって子育てするほかない。

この本で、すすめているのは、そのひとつの方法である。これが絶対的に有効だとは言えないにしても、ぼんやり、赤ちゃんをテレビ漬けにしているのに対する反省を促すのには役立つであろう。テレビは現代を代表する文化であるが、よいことばかりではないことは注意しなくてはならない。

知能とは関係ないように思われるかもしれないが、テレビが、ことばの声を雑にした。大声である。人間がこれほど大声で話すことはこれまでなかったように思われる。ことに女性、若い女性の声が、けたたましい。金属音に近くて不快である。これも、人間が教えたのではなく、テレビが教えたのである。

声が大きすぎるのはそれ自体悪いことではないが、大声で話していると頭のはたらきが停止することがあって、よくない。

笑い声でも女性に負けない男性のバカ笑いが多くなりかけている。こういう人たちの育てる次の世代のことばが思いやられる。

先年来、一部で、美しい日本語を使おうという呼びかけが行なわれているが、とくべつに美しいことばといったものがあるわけではない。**親が子どもに話しかけることばが、もっとも美しいことばであるはずである。少なくとも、テレビのことばではない。**

赤ちゃんのことばを大事にするだけで、この世がどれくらいよくなるかわからない。

先天的な五感の能力を高める

先に、生まれたばかりの赤ちゃんでも耳はよく聞こえると書いたが、人間には聴覚のほかに、視覚、嗅覚、触覚、味覚の、あわせて五感がある。

イギリスは、インドや東南アジアから紅茶を輸入する。税関には紅茶の鑑別師がいて、紅茶の葉を噛んで、これはよくないとかこれはいいとかで等級をつける。それによって紅茶の値段が大きく変わってくる。

紅茶の鑑別師のことをティーテイスターという。ティーテイスターは相当な味覚の持ち主でなければならない。それがひところはほとんどが日本人だったそうである。

ニワトリのヒナのオス、メスを識別する鑑別師もいる。こちらは視覚の能力が求められる。オスは育ってしまうと損だからすぐに処分し、メスだけを育てて卵を産ませなければならない。

雌雄は同じくらいの比率で生まれてくるが、餌を食べると区別できなくなってしまう。そこで鑑別師が、卵から孵って数時間のうちにヒナの尻を見て、瞬時にこれはメス、これはオスと見分ける。

ニワトリのヒナの鑑別師も、世界的に見て日本人の能力が高い。味覚の能力も視覚の能力も子どものころは、どこの国でも同じように高いレベルにある。成長するにつれて味覚や視覚の能力は低下する。ところがどういうわけか日本人は、大人になるまでその能力を持続し、伸ばしている人がたくさんいる。

先天的に備わった能力は、まわりが潰してしまわなければ伸びる。

味覚については、子どものころに、「おいしいというのはこういうものですよ」と教えなくても、実際に食べてみて、これはおいしい、こっちはおいしくないという経験を重ねれば、おいしいものとおいしくないものを区別する力が身につく。

残念ながらわれわれの世代は幼いころに本当においしいものを食べていない。成長してから料理の味を知識として覚えたために、料理を味わうことが上手にできない。

味覚は人によって異なるし、出身地によってもかなり違ってくる。子どものときにまわりの大人が辛いものをうまいうまいと食べていると、辛いものをうまいと感じる味覚になる。

県民が塩分を摂りすぎるため脳卒中が多いというので、長野県が減塩運動をやったことがある。味噌の塩分を減らそうとしたのである。すると、「そんな味噌を食べるくらいなら死んだほうがましだ」というような声が大きくなって、減塩運動は頓挫してしまった。

健康によくないからといって味覚は簡単には変えられない。それだけに、子どもに何を食べさせるかは、われわれが考えているよりはるかに大きな問題である。

味覚や聴覚、視覚は文化と深く関わっている。

ときおり、天才ピアニスト現わる、といった話題が新聞紙上を賑わす。子どものもって生まれた可能性を上手に伸ばせば、音楽的天才も、いまよりずっと多くなってくるに違いない。

われわれの世代は幼いころに泰西名画に触れる機会がほとんどなかった。田舎の銭湯の壁には、必ずといっていいほど富士山の絵が描かれている。日本人は富士山を見て特別な感情を持つ。壁に描かれているのは下手なペンキ絵だけれども、風呂に入って気分がよくなった大人が、その富士山を見るたびに「いいね、いいね」と言うので、子どももなんとなくいいものだと思うようになる。

そうやって日本人の美的センスはつくられた。いい絵を子どものころから見ていれば、日本人の色彩感覚や造形感覚はもう少し洗練されたものになったはずである。

触覚や嗅覚を大事にする

五感の中で触覚や嗅覚は、普段あまり意識されることのない感覚である。

女性は小さいときから触覚、あるいは触感に敏感らしく、大人になってものを買うときでも、男はあまり触らないが、女性は触ってはいけないものだと言われても触って確かめようとする。

手で触ってみてはじめてわかる、ということが確かにあるのだから、触覚をおろそかにすることはできない。小さいときにビロードなどの手触りのいいものと、反対にごわごわした感触の麻の織物などを意識して触らせていると、大人になって触覚の能力が伸びるということも言われる。

日本人が概して手先が器用だと言われるのは、小さいときに割合手を使った遊びをするからだとも考えられる。外国人、ことにアメリカ人が不器用なのは、手先を使わずに道具を使ったり機械を使ったりすることにむしろ価値を見出す国民性が影響している。ことに箸を使うのは頭のはたらきを助けるようだ。箸をもつのも手の使い方である。いまそれが崩れている。

アメリカと対照的に、なんでも手づくりということに価値をおくのが日本だ。日本人が手先の器用さで他国の人間より優れているのは、生活の中で、手づくりのものに価値があると昔から考えていたからである。

嗅覚については、われわれ現代人は臭いに敏感だとも言われるが、日常生活の中で自分の嗅覚を意識することはほとんどない。

人間の祖先の嗅覚は、犬に負けないくらい鋭かったかもしれない。地上に顔を近づけて歩き回り、絶えずにおいを嗅いでいたとすれば、嗅覚がつねに刺激を受けていたから発達していたであろうが、直立歩行するようになって地面との距離が離れると、嗅覚も衰えてしまった。

それでも煙の臭いや焦げる臭いを感じ取り、危険を察知するくらいのことはできる。食べ物が腐敗しているときなどは目で見てわからなくても、臭いでわかる。

そういう能力は生きていくために欠かせない。嗅覚というものをあまりバカにしてはいけない。

子どもは、二十〜三十種類のお香の匂いを嗅ぎ分けることができるという。たいていの大人はとてもそんなことはできない。

動物は、生きていくために必要な嗅覚を絶えず磨いているのに、人間は子どもの能力をダメにしてしまうのだから、おかしい。

嗅覚や触覚にしても、その能力をうまく使って、〝においの芸術〟や〝触覚の芸術〟を生みだすことも不可能ではないはずである。

これからの子育ては、言語的能力だけではなく、人間本来の力を取り戻すという意味で、五感の能力を高めていくという考え方も必要であろう。

文字中心のことば

われわれはこれまで子どもに対してやるべき教育を怠ったばかりか、育てると称して潰してきた。これは率直に反省すべきである。昔は子どもがたくさんいたから、少々教育がうまくいかなくても「しょうがない」ですんだのであるが、これからはそうはいかない。

母親にとって、はじめての子どもをうまく育てるのは至難の業である。**いまの若いお母さんは、「一人だってこんなに大変なのに五人もいたら死んじゃう」などというが、五人の子どもを育てるのは、一人っ子を育てるのと比べて五倍の苦労があるかというえば、そんなことはない。**

上の子は下の子の面倒を見たり、大きくなれば親のことをいろいろ手伝ったりしてくれる。昔は十人ちかく子どもがいる家庭が珍しくなかったが、三人目くらいからは親はだんだん楽になったらしい。

いまの親は一人か二人しか子どもを産まないので子育ての経験が蓄積されない。子どもは、いわば教えた経験のない先生から習う生徒のようなものだから、もてる才能をどんどん伸ばすというわけにはいかない。

ことばの能力に関して言えば、そもそも言語教育をしているという自覚が周囲の大人にない。高い能力をもって生まれてくる子どもにはまことに気の毒である。

本当なら、もっと楽に、もっと豊かな言葉を使えるようになり、世の中のことをもっと深く理解することができるはずなのに、それがかなわない。

はじめから文字を知っていた人間は一人もいない。すべて声でことばから覚えた。声によることばがある程度できたときにはじめて文字を覚え、理解する。

知識を得るには音声よりも文字のほうが便利だということがあって、教育はすべて文字による記憶というものを中心にして行なわれている。

言語学がもっと発達すれば、ゼロ歳から絶対語感を獲得する四十数カ月くらいまでの過程がもっとはっきりして、子どもがもっている言語能力ももう少し具体的にわかるようになるであろう。

声の教育を大事にする

われわれは声をあまり大事にしないし、自分の声を意識することはあまりないが、声によって相手に与える印象は大きく変わる。

イギリスのサッチャー元首相は、中堅の代議士だったころに専門家から、「あなたの声は半オクターブ高いのではないか。それでなんとなく冷たい感じを人に与えている。声を下げれば温かく感じられる」と言われ、おどろいた。さっそく特訓を受け、声を下げた。すると人に与える印象が変わってきたという。

人間が一生のあいだに話す声の量は莫大である。その大量の声の基本が、間違った方向にちょっとずれているか、いい流れをつくっているかによって、身体や精神のありようが変わってくる。

その声の基本が生まれてから数年で決まってしまうのだとすれば、われわれは声に無関心ではいられないはずである。

最近は、子どもに子守唄を歌ってやるお母さん方が少ないように思うが、子守唄を歌ってあげたり、バイオリンやピアノを弾いてやったりすれば子どもの耳にいい刺激を与える。楽器ができなければメロディーを口ずさむのである。

子守唄は母乳語に相当する。どこの国の子守唄もメロディーは似ている。子どもを寝つかせるときや、気持ちを落ち着かせるときに子守唄は歌われるから、騒々しいものにはならない。子どもはそうした音の中から自分に合った音やメロディーを選んで、「三つ子の魂」のような自分のをつくる。

子どもが何かを学び取るときの時間としては、活動性が鎮まって、頭の緊張度が解けているときが適している。そのほうが脳の深い部分に作用する。それまでは意識の表層で反応していたのが、眠くなって、意識の表層が少しあやしくなると、かえって深いところに入っていく。

したがって、**子育てにおいては寝る前の時間が大事になる。おとぎ話や子守唄、音楽を聞かせて寝つかせるのは、理にかなったことなのである。**

バイリンガルへの憧れは愚かなこと

強制的に知識としての外国語を教えることが本当にいいことなのかどうかはわからない。いろいろな国で、いまその実験中というところであろう。

日本でも小学校で英語を教えることが決まった。

人間は普通、言語を二つ同時に習得するようにはなっていない。

いまのように外国との交流が盛んになれば、外国語は実用的価値はある。外国語を知っていれば便利だということになって、外国語を学ぶのである。

たとえば英語ができれば、将来外国人と商談で交渉したりするときに役に立つかもしれないということであり、社会的価値があるということにもなる。

もっとも、それなら山の中で生涯仕事をする人は無理して外国語を習う必要はないことになるが、実用的、社会的価値を完全に認めるのであれば、中途半端ではなく、幼児期から外国語を教える。そうするとどうなるか、それがもうひとつの問題である。単に英語を学ぶということだけで言えば、年齢は早ければ早いほどいい。生まれたときから二つの言語を学べばおそらく非常に簡単にバイリンガルになる。ただ、家庭で親が二つの言葉を教えることはできない。日本語と英語を完璧に話す人を家庭教師に雇って、教えてもらうしかないであろう。

二つの言葉を同時に教えれば、赤ちゃんは混乱する。しかし、子どもは非常に能力が高いからなんとか使い分けるだろう。カナダなどでは、子どもはとても苦労していると言われる。

ペンフィールドというカナダの脳生理学者は、二つの言葉をちゃんぽんにしないように工夫しなければならない、と言っている。

フランス語を話す部屋と英語を話す部屋を別にする。英語を話すときは英語らしい雰囲気の部屋をつくる。フランス語を話すときはフランス語の雰囲気にする。それぞれの部屋に入ると自然に頭が英語とフランス語に適したものになる。そうするとちゃんぽんにならない――と言うペンフィールドは、カナダでは有名だった。

そんなふうに二重言語ではみな苦労している。**日本では頼まれもしないのに二重言**

語に憧れる人がたくさんいるのは、島国の劣等感の裏返しで残念と言うしかない。幼児期に家庭で外国語を教える必要はまったくない。

日本では、バイリンガルに憧れている若い母親がずいぶんいる。たいへんな考え違いをしていると言わざるをえない。

二つの言葉を知っていると、二倍とは言わないまでも、ひとつの言葉を知っているよりもたくさんのことを考え、たくさんのことを知ることができると思うであろう。しかし、**実際はひとつの言葉しか知らない人に及ばないことがある。**

もちろん日常会話くらいは二つの言葉で十分できる。ところがちょっと頭を使わなければならない理解力を必要とする話、あるいはこみ入った話だとわからない。

いまはとにかくいま〝実験中〟だから、二十一世紀の終わりくらいになれば、幼児期に二つの言語を教えるのがいいのか悪いのか、結論が出るだろう。

もっともすでに結論は出ているのかもしれない。かつて欧米の国々は、英語やフランス語、ポルトガル語などの自国語を植民地にもっていった。植民地の人々は支配国の言葉を強制され、バイリンガルになった。台湾、韓国もそうであった。

バイリンガルになれば商売などをするには便利である。しかし、植民地にされてしまった国の人々の中から、すぐれた思想家や哲学者は出にくい。どこの植民地でもみな同じである。

こういうことを考えれば、英語が重要になってきたからといってやみくもに教育の場に持ち込み、国をあげてバイリンガルを望むというのは、いくらか愚かである。

外国語で何を伝えるか、それが問題

日本人が英語圏の外国に行って子どもを育てる場合に問題が起こる。まわりが全部英語で話しているのに自分たちだけが日本語で話すのは落着かない。親としてはどうしても英語をある程度身につけさせたいと思う。同時に、日本に帰ったときに日本語ができないと困るということで、苦労している人たちが多い。

子どもに万葉集を暗記させ、一方で英語を教えた商社マンの奥さんを知っている。悪いことではないが、どういう結果になるかはわからない。

もし、どうしても幼児に外国語を教えるのであれば、長い間、続けなければならない。ある程度話したり聞いたりができるようになっても、使っていないとせっかく覚えた外国語は消えていく。

現地の言葉として身につけた英語は、日本に帰ってしばらくは覚えている。ところがさらに五、六年するとすっかり忘れてしまうことがある。幼児は非常に早く覚えるかわり、また非常に早く忘れる。

三年間イギリスにいて、英語をかなり話していた子どもが日本に帰ってきて、高校生くらいになると英語が全然わからなくなる。発音もすっかりできなくなっていた例がある。英語に限らず、外国語の勉強は続けないと意味がない。

外国語を学ぶ際は、まず母国語でしっかりした自分の考えをつくる。そのうえで外国語をある程度話せるようになるまで勉強する。いわゆるブロークン・イングリッシュでもかまわない。

日本人がイギリス人、アメリカ人と同じように英語が話せるようになろうと考えやすいが、それは間違いで、そもそも不可能だ。無理にそうしようとすると、人間性に影響を及ぼすようになりかねない。

アフリカの国々のリーダーは多くがバイリンガルだが、ブロークン英語でもまったく臆することなく、国際機関の長になって活躍したりしている。イギリス人から見ると、あれは英語ではないということになるが、彼らは外国語ではなく自分の言葉として英語を使っているのだろう。

日本人は非常に神経が細かいから、ちょっと間違うと恥ずかしいと思う。ことに文法的な間違いをするととても恥ずかしがる。それではとても外国語など話せない。

外国語は何とか意思が通じればそれでいい、そう考えれば気が楽だ。

上手に英語を話すよりも、自分の考えをしっかりもつことが先決である。「いま日本人として外国人に絶対これだけは伝えなければならない」ものがあるとしよう。それが何であるかは母国語で考える。

本当に外国の人間に伝えたいことがなければ、外国語など覚えてもムダである。

第三章

意味より先に「カタチ」を覚える

赤ちゃんの「笑い」に注目する

子どもは四歳ころになると一方で具体的な言葉を使い、もう一方で抽象的な言葉を使って、二つの言葉、すなわち母乳語と離乳語を上手に使い分ける。

母乳語と離乳語ではことばの性質が違う。母乳語で具体的なものをどんなに積み重ねても、抽象的なことがわかるようにはならない。

幼児にとって離乳語は、はじめは現実とはまったく無関係なことばのように見えるだろう。われわれのとなりで外国人同士が知らないことばであれこれ話していても、別世界のできごとにしか思えない。それと同じである。

赤ちゃんは、母乳語と離乳語の違いを理解し、四歳くらいになるとすこし離乳語がわかるようになる。しかし、大人の場合は外国語がわかるようになるにはもっと長い時間がかかるし、わからないままで終わることが多い。

たとえば、モモタロウの話を聞かせたとする。「川の上流から桃が流れてきた」ということも最初は赤ちゃんにはわからない。まして「桃から赤ちゃんが生まれた」と言われても理解できるわけがない。くりかえし聞いていていると、徐々に「お話」としてわかるようになる。

もちろん大人はそんなことを考えずに話をしている。子どものほうはわからなくても、とにかく聞いている。聞いているうちに話の内容がわかってくる。

子どもは、相手が話している内容がわかったときに笑う。わかりかけているとき、と言った方がいいかもしれない。この笑うということが非常に大事な反応で、日本ではほとんど問題にしていないが、ヨーロッパでは話しかけたときに子どもが笑うか笑わないかを重視する。

大人が話していることを何となくわかったような気がするが、曖昧な部分もたくさん残っている。そんなときに、子どもは笑うことによってちょっと自分のストレスを解消する。わかったと思うらしい。

ある研究によれば、主として話の論理的な部分が八〇%くらいわかったときに笑いが生まれる。すっかりわかったときは笑わない。ちょっとわかった、という反応のあられとして笑うのだという。

大人でもそうだが、全部わかったときにはおもしろくないし、笑わない。半分くらいわかったときに、相手の言っていることを自分で補ったりして、笑うのである。

日本の子育てで、子どもがそうした知的な笑いを本能的にするということについて、これまでおそらくほとんど注意を払ってこなかった。

昔から赤ちゃんをくすぐったり、「いないいないばあ〜」と言ったりしてあやす。子どもは、知っている人の顔が急に見えなくなり、それがまた見えたとき「あっ」とおどろく。と同時に、期待したものが再び現われたことで満足する。

笑いは母乳語から離乳語へ切り替わるときに起こり、離乳語の段階ではっきり笑うようになる。母乳語でも笑いが起こるかもしれないが、よくわからない。少なくとも知的な笑いではなさそうだ。

笑いは離乳語を理解していることのひとつのあらわれであり、子どもの側からすれば「わかった」「了解した」という合図である。

だから、子どもが笑ったら見ている人も笑った方がいい。せっかく笑ったのに知らん顔されたのでは子どもは拍子抜けしてつまらない。

笑ったのを確認したら喜んでやる。すると子どもは、笑うことはいいことなんだと思い、よく笑うようになる。

笑うことによって、かなり複雑なことも理解できるようになる。少なくともわかろうと努力する。その努力のもとになるのが笑いである。

笑いを軽視してきた日本

日本ではほとんど知られていないが、ヨーロッパの国では、幼児が知的に成熟していることの証である笑いを、競いあっているらしい。

それくらい幼児の笑いを大事なものとして見ているのである。日本でも、「笑った、笑った」といって喜ぶけれども、頭の働きや言葉の理解と結びつけて考えることはほとんどしない。

笑いは、ユーモア、ジョークなどの文化に欠かせない。それとは別に、人の話を聞き、ものを考えたり、理解しようとしたりする人間の頭の働きに付随して笑うことがあるということを、頭に入れておきたい。

ところが、日本では昔から笑ってはいけないと教えられてきた。「武士は三年に片頬」という儒教的な教えもある。武士が笑うのは三年に一度で、しかも片一方の頬で笑うものという意味である。

そんなことを言っていたくらいだから、子育てでも「笑い」は重視されなかった。しかし、知的な理解力のひとつの目安が、笑いという反応だとわかれば、これからの幼児の子育ても変わらなくてはならない。

おとぎ話をはじめ「おはなし」というものはフィクションで、意外なことや奇想天外なことが起きて、子どもはびっくりしたり、おどろいたりする。

「一休とんち話」などは、はじめから笑わせることを目的につくられている。おとぎ話だけではなく、知的な笑いを生む「おはなし」をもっとたくさん子どもに聞かせることを大人は考えたほうがいい。

元来、おとぎ話は、子どもが抽象的なことをどの程度理解したかを示すバロメーターになる。

おとぎ話には、へんなものが出てきたり、普通はいっしょにならないものがそろって出てきたりする。ネコとイヌでは意外性はないが、サルとイヌとキジがいっしょに出てくると、「へえー」となる。

話しはじめたばかりの子どものことばは、おそらく生理的なものである。人が話すのを聞いても意味がわからないから、笑ったりしないだろう。

それが「いないいないばあ〜」ができるころになると、変わってくる。そのころにおとぎ話をしてやると、ある程度わかったと感じたとき、子どもはかわいい顔をして笑ってくれる。

おとぎ話に慣れてくると、子どもはあまり喜ばなくなる。そんなときは話の一部を変えると、子どもは「違う！」と言ってかえっておもしろがる。自分が理解しているものと違うものが出てきたことに対して興味をもつのである。

おとぎ話のような超自然的な、現実とは別の世界をつくることができるのは人間だけである。人間だけがもっている文化であり、動物が逆立ちしてもフィクションの世界を創造することはできない。

幼児期の早い段階でフィクションの世界を理解し、楽しむことができるかどうかは、その後の成長を考えるうえでたいへん大きな意味をもっている。ここで手を抜くと、抽象的なことを理解する知的能力に悪い影響を与えるおそれがある。

「読み書き」の前に「聞いて話す」

近代教育はせいぜい二百年くらいしかさかのぼれないが、おとぎ話を聞くという段階を完全に無視し、ことばを文字にしたうえでの「読み書き」が人間の言語能力の基本になると考えた。これがそもそも誤りである。**まず、聞いて話す。それから書いて読む（読んで書くでもいいが）。これが順序である。**

「聞いて話す」ことを教育以前としてしまって、学校教育を読み書き、算術から始めたことが、いまの教育の問題点である。

就学年齢に達したら、学校教育から大きく外れることは実際問題として難しい。かといって、どんなに小学校の教育が不充分であっても、それを急に全部変えるというわけにはいかないだろう。そう考えると、学校教育が始まるまでが勝負ということになる。

小学校に入るまでの、いわば前教育段階では、工夫次第でいろいろなことができるのに、実際にはほとんど何も行なわれていない。

小学校で何をやるかというと、一年から三年生くらいまでは、子どもが具体的に知っていることばを文字に書いて読めればわかったことにする。四年生くらいになると、今度は抽象的なことばを同じように文字にして読み書きする。

なんのことはない。小学校で行なわれているのは、子どもが母乳語、離乳語で学んだ具体的なことばや抽象的なことばを文字にして、くりかえしているだけなのである。

ところが、多くの人が母乳語、離乳語の区別をしっかり知らないために、小学校で一からことばの教育が始まると考えるのである。

具体的な話から抽象的な話へ

具体的な話から抽象的な話に移るには、わかっていることではなく、わからないことばを教える必要がある。幼児の場合、この切りかえはほとんどうまくいく。しかし、小学校に入って文字を読み書きするようになってから三年ほど経った十歳前後の子どものなかには、抽象的なことばを理解できない子どもがかなりいる。学校では文学作品を盛んに読ませる。もちろん、小説家を養成するためではない。文学作品はかなり抽象的だが、いかにも具体的である。人間が出てきて、その人間には名前があって普通の生活に割合近い。近いから具体的な読み方で文学作品はある程度わかる。

書いてあることがよく理解できなくても、文章がいかにもわかりやすく、母乳語的に読むことができる。

ところが実際は、文学作品を読むことの価値は具体的なことを理解するところにあるのではない。読んでいる人間になかなかわからない一種の抽象、フィクションの世界を文学作品は持っているのである。

子どもは具体的な話だけを文学作品から読み取りがちである。しかし読んでいるうちに、なんとなくそれだけではないらしいということがわかってきて、文学や物語の本当のおもしろさに目ざめる。

問題はそこからである。世界中がそうであり、ことに日本が著しいらしいのだが、ここでそれ以上のことばの教育をやめてしまう。

経験も知識もない子どもが、かなり抽象的なことを理解できるようになり、文学作品の世界がある程度わかっておもしろいと思えるようになる――そこでことばの教育は完了するように考えられている。

そこがいまの言語教育のまずいところである。さすがにヨーロッパでは半世紀以上も前に、これではいけないと気づいた。

文学作品は抽象的な未知の世界を、ことば＝文字で表現したものだ。未知だから読む側に経験はないが、ことばの性質を知っていれば、ある程度見当をつけて未知の世界を理解することができる。それが本当の読み方だとヨーロッパは考えたのである。

文学作品は理解する必要がある。解釈、洞察力、想像力などが必要になってくる。書いている人の考えが書かれた文章の意味と常に完全に一致しているとは限らないが、読む側は解釈、洞察力、想像力によって「おそらくこういうことだろう」と作品の意味をとらえる。

これが文字による離乳語を習得する段階に相当する学習である。**日本の国語教育は、高校にいたってもついにそこまで到達しないことがある。単なる〝文学国語教育〟で終わってしまう。**そして子どもたちは文学が好きにはなる。しかし、哲学や論理的な文章、科学的な文章はおもしろいと思わない。

非文学作品を重視する教育へ

文学作品を足がかりにして、その向こうにある抽象の世界を理解する能力をつける言語教育が必要である。

最近、やっと非文学作品を重視しなくてはいけないなどと言われだしたが、多くの大人が新聞の社説すら読めない。おもしろいと思えないのだ。ストーリーがあって、感情移入できるからおもしろいと感じる文学的作品の理解をことばの教育のゴールにしてしまったからである。

おとぎ話を理解した幼児はその先の抽象の世界へ移った。ところが肝腎の学校教育では抽象の世界に手がとどかない。そのことに、家庭の親たちはもちろん、学校の教師も気がついていない。

戦後、日本ではじめて「文学的教材だけでは国語教育は完全ではない。文学作品以外の教材を国語の教科書に取り入れるべきだ」と主張したのが、当時、東京教育大学の国語教育の倉沢栄吉教授だった。その倉沢の考えに基づいた教育を実践したのが大村はまである。

少数ながら、文学的な教育の先にめざすものがあると知っている人はいる。知っている人はいるが、具体的な方法がよくわからない。

昔の人は、「わかりきったことを読んでわかるような教育をしてもムダだ。わからないものをわかるようにするのが教育だ」と考えた。もっともである。

いまの教育は、最初は具体的なわかりきったことを学び、次にわからない部分がある文学作品を読むという学習を積み重ね、一つひとつ段階を踏んで学んでいけば、最後に抽象的な文章を読むことができ、書けるようになると考える。

昔の人はそんな段階などは無視して、いちばん大事なことは、読む人にとって抽象的な、まったく未知の世界を理解できるようになることだと知っていた。

意味は主観的、カタチは客観的

まる暗記はよくない、内容をよく理解することのほうが大事だ、と言われる。まる暗記とはカタチを覚えるということだ。カタチは人によってあまり変わらない。内容は意味であり、意味は読む人によって変わるから、必ずしも一定していない。

近代社会は意味を絶えず問題にしている。教育はカタチを覚えることより、まず意味を教える。昔は、意味はわからなくてもカタチを知っていればよかったが、いまは逆で、意味がわからなければわかったことにならない。

自分のもっている知識を基準にして意味にこだわれば、自分のもっている知識以上の意味がわかることはない。

ことばの意味はわからなくてもいい。ことばのカタチがわかれば、そのカタチに自分で意味をあてはめてみる。それは間違っているかもしれないが、もし間違った意味で使えば、間違ったということがわかり、だんだん修正される。

別の言い方をすれば、意味は非常に主観的であり、カタチは客観的である。客観的なものから教えていこうというのは実際的である。昔の漢文素読はその典型である。

赤ちゃんには主観的なものはすくない。だからカタチから入らざるをえない。小学生くらいになると、ある程度の主観が生まれているから、自分なりのことばに対する意味というものをもっている。

ところが、抽象的なまったく新しいことばが出てくると、意味がわからない。**いつも意味とカタチをいっしょに覚えていると、意味がわからなければ、すぐにあきらめて学ぶことをやめてしまう。**

昔の人は、カタチはわかるけれども意味がわからないことをチンプンカンプンと言った。それと同じことが赤ちゃんのときに起こっている。起こっているけれども、赤ちゃんはチンプンカンプンと言わないだけである。赤ちゃんはチンプンカンプンでも一所懸命に聞いてカタチを覚えていく。

カタチを先に覚えれば意味はあとからついてくる。すぐに意味がわからなくても、カタチとしてことばを理解することが大事である。

幼児教育の見直し

教える者がいないにもかかわらず、幼児は具体的なことばから抽象的なことばへ、母乳語から離乳語へと飛躍できる。これは幼児が大きな潜在能力をもっていることの証明になる。

しかし、小学生になると大きな学力差がついてしまう。なぜだろうか。一人ひとり知力の違いはもちろんあるが、まわりの大人がどんなカタチのことばを与えているかによって大きな差が出てくる。本来もっている子どもの理解力の差はわずかであると考えられる。

すべての子どもが天才的であると先にのべたのは、幼児の能力が均一に高く、四歳くらいまでは個人差はあってもきわめて小さいからである。

学校にいくようになってから子どもに知的な学力がつくと考えるのは間違いである。

幼児期にきわめて高度な知的活動が行なわれていることをわれわれがよく理解すれば、子どもはもっている能力を発揮しやすくなる。カタチの与え方が悪いから、子どもは苦労している。

ヨーロッパでは『聖書』がことばのカタチを教えるものとしていちばんいいと言われている。キリスト教国のいい点のひとつは、最近は読む人が減ったとはいえ、多くの人が『聖書』を読まなければいけないと考え、現に読む習慣があることだろう。

ここで具体と抽象について注意しなければならないことがある。

抽象の世界を知るということは、抽象の世界にいったきりになってしまうことではない。抽象と具体の両方の世界を理解する能力をもっていなければ、人間としての本当のはたらきは望めない。

その基礎として、幼児教育をもう一度見直してみる必要がある。

「年寄りの言うことなど古臭い。新しい時代には新しい子育て、幼児教育があるはずだ」という、伝統的子育てに対する批判、反発はいつの時代もある。

しかし、新しい教育とは何か、何をやるのか。それをはっきりさせずに、ただ伝統的な考えに対して反発しているだけだとしたら、危うい。

最近、脳生理学者などが積極的に発言している。それ自体はいいことである。ひとつの説が絶対正しいということはない。たとえ間違ったものがふくまれているにせよ、いろいろな人がいろいろなことを言って、それを実際にみんながやってみて、経験のなかで自然淘汰され、いいものが残っていくのが望ましい。

憲法のようなものをつくって、「これがいいからやりなさい」というわけにはいかない。いまの状況を変えなければならないことはたしかだが、独裁的な指導者がひとつの方向を強制するような改革であってはならない。

さまざまな試行錯誤の末に進むべき方向が見えてくる。その過程で、**かりに充分ではない教育を受けても、自分の中の良いところを引き出す努力を怠らなければ、りっぱな自己形成はできる。**

これまでも必ずしも理想的な教育が行なわれてきたわけではない。その中からすばらしいたくさんの人間が生まれてきた。だれかに教えてもらわなくても、りっぱに自己形成できる力を人間はもっているのである。

第四章

スキンシップで子どもを安心させる

共生意識を育てる

病気のときに「手当てする」というが、これは病人に対するスキンシップのことである。昔から痛いところをさすってやれば痛みが和らぐとか、気持ちが落ち着くなど、スキンシップの効果をみとめてきた。

スキンシップは、日本人がつくった和製英語である。英語のように見えるが、外国では通用しない。しかし、これはいいことばだから使ったほうがいい。

スキンシップは子どもにとって大事である。皮膚と皮膚、肌と肌がふれあうことで、子どもの気持ちは安定する。

赤ちゃんが母親のおなかにいるときはスキンシップそのもの。この世に出てくるとそのスキンシップが突然なくなるので、子どもはたいへんなショックを受けるにちがいない。泣いたりわめいたりする。

生まれて間もない子どもはとても緊張しているが、母親が母乳を与えるときはその緊張もだいぶやわらぐ。哺乳瓶でミルクを与えるときも、なるべく抱っこするようにして肌と肌のふれあいを多くするのが望ましい。

赤ちゃんは、親やまわりにいる人とふれあうことによって存在を意識する。子どもはつねに他とのかかわりをもつべきものであり、大人はまず、孤立していないということを、スキンシップを通して子どもに伝える必要がある。

子どもが寝る前に添い寝しながらおとぎ話を聞かせたりするのは、スキンシップの延長である。子どもは自分が孤立していないとわかると、ほかの人とともに生きる、つまり共生という意識をもつことができる。

もっとも、スキンシップの期間はそれほど長くは続かない。五歳くらいから徐々にスキンシップは少なくなっていく。

生まれてからの数年間は、子どもにとって両親ときょうだいとの関係が基本になるが、それだけでは必ずしも充分ではない。家族以外の子ども同士で遊ぶことがきわめて大切である。

日本ではかなり以前から、幼児が大人と大人の間に挟まって育つことがふつうになった。少子化が進み、きょうだいがいない子どもが増えて、いままでは〝大人の中の子ども〟という状態が当たり前になっているけれども、これはよくない。

子どもには、親きょうだいだけではなく仲間が必要である。自分と同じような年齢の子どもが近くにいるといないでは大違いで、親やきょうだいが与える刺激とはまた違った仲間としての刺激を子ども同士で与えあう。

そういう機会が幼稚園や小学校へ行くまで得られないのは、子どもにとってたいへんな不幸である。幼稚園に行くまで家庭で大人としか接していない子どもの発育は、生理的にも精神的にも不十分になるおそれが大きい。

子どもの集団の中にいることによって、競争する、ケンカする、仲直りするなどの人間関係の基本につながる群生の意識が育つ。できるだけ早くこうした経験をさせることが幼児教育である。

昔はきょうだいが多かったから家庭の中でも群生の意識が発達し、きょうだい同士でもまれているうちに大人が教えないようなことを学んでいく。たくさんのきょうだいに囲まれて育った子どもはしっかりしていると言われたものである。

いまの子どもはそうはいかないのだから、できれば早い段階で、同年齢か一、二歳違いの子どものグループに入れて、そこで一日のうちの何時間かを過ごさせるようにしたい。はじめは緊張していても、だんだん慣れてきて、ほかの子どもといっしょに遊ぶようになる。

大人の間に子どもがぽつんと一人いては遊べない。子どもの群れの中に入ればときにはケンカもするが、基本的には遊びながら能力を目覚めさせていく。いまの子どもは、そうした機会がないまま、家庭で孤立している時間が長すぎる。

勉強よりも遊びが大事

年齢が少し高くなると子どもに「遊び」が生まれる。遊びとは「子どもが社会的に集合したときに生じるいろいろな経験」である。遊びは学習と同じか、それ以上に大事で、子どものいろいろな能力を引き出す。**遊ぶことによって、たとえば、人間関係における相手との距離感を計るといった感覚が発達する。**

ところが、知識教育を重視するあまり、相当わけのわかった人でも「遊ぶのはよくない、勉強しなさい」と言ったりする。

大人は趣味とか道楽を遊びと考えるが、子どもの場合、「はっきりした目的がなくて体を動かすすべて」を遊びと定義づけることができる。

原っぱに行って友だちと飛んだり跳ねたりしているのは、何のためにという目的があるわけではない。ただ体を動かしたいだけだが、それが遊びになる。

実体（＝現実）とフィクション、という観点から遊びを見ると、遊びは体を動かしているところは現実だが、目的がないという点ではフィクションになる。それが思わぬ子どもの能力を高める。

人間を含めた動物は本能的に遊びを求める。

子どもは遊ぶものとかつては言われたが、いまでは子どもは毎日勉強に追われている。勉強には目的があるから、遊びではない。勉強する子どもは遊べない。遊ばない子どもは知識や情報は豊かになるが、人間離れするおそれがある。

勉強を中心に考えると遊びは邪魔だから、大人は「遊んでないで勉強しなさい」とつい言ってしまう。昔の人は遊びがいかに大事かをよく知っていたから、「よく遊び、よく学べ」と言った。

教育熱心な親は、遊びを認めるのがなかなか難しい。そして、いかに遊ばせるかは、知識を教えるよりずっとやっかいである。肝腎なのは、親と子で遊ぶだけではダメなんだということを、親自身が認めることである。

子どもが何人か集まれば、そこで自然に遊びを始める。遊びにならないこともあるが、とにかくいっしょに何かをやってみようとする。親の役目はそういう場をつくっ

てやることである。

サルの群れでは、いくつかのグループに分かれて共同で子育てをするのがふつうだ。人間は基本的に家族単位で子育てを行なう。近所の子どもと遊ぶこともあるが、どうしても親と子の縦の関係が強くなり、遊びの要素が少なくなる。ことに最近のように家庭が孤立する傾向が強いと、ますます親子の関係が濃密になる。

これまでは、子どもが遊ばないことを前提にして、教育をしつけと考えてきた。だから遊ばせておくのはよくない、放任ではダメだという考え方になる。

生活の中で遊びの時間をどの程度にするかは、それぞれの家庭や親の考え方次第だが、遊びを意味のないものだと考えるのはたいへんな誤りである。

学習の背景には遊びがあり、遊びの中で学んでいくものであって、学習と遊びは表裏一体であるのが望ましい。

子どもにとっていい親とは？

親が豊かであったり、社会的地位が高かったりすると、逆に家庭での子どもに対する教育の質は低下しがちになる。逆ではないかと思うかもしれないが、昔は金持ちや貴族の家庭は、普通の家庭より教育条件がはるかに悪くなり、りっぱな子どもが育ちにくかったものである。

なぜかといえば、親が本来子どもに向ける関心をほかに向けるからだ。普通の親は子どもが生まれたら子どものことしか考えない。ところが大金持ちなどは、仕事や社交などで忙しい。子どもと満足にことばを交わす時間があるのかどうかもあやしい。

そうすると子どもは、親の愛情だけではなく、自分に与えられるいろいろなものが少ないように感じる。それが、子どもの成長によくない影響を与える。

親の愛情には恵まれなくても、経済的、社会的に恵まれた家庭には、何かを遠慮しなければならない他人はいないので、子どもに勝手なことをさせることができる。

ところが、その自由が子どもにとってはよくないこともある。苦しい経験やひもじい思いをするのも大事だ。悪いことをすれば叱られるのは当然だし、子どもにとってはすべて貴重な経験になる。

何でも思い通りになる恵まれた環境ではかえって子どもの成長によくない。

その結果生まれるのが、〝金持ちのドラ息子〟である。そうなると困るから、一部の金持ちは、日本でもヨーロッパでも育児を母親ではなく、他人にゆだねることにした。

それが奏功する。親が育ててドラ息子と呼ばれるようになり、乳母に預けたもう片一方の子どもはデキがいい。

現代のようなデモクラシーの時代になると、上流階級に対する反発があるので、育ての親のシステムはほとんどなくなった。

子どもにとっては、きちんとことばを教えてくれるのなら、だれからであろうとかまわない。生みの親がいい加減に教えてくれるより、しっかりした育ての親が上手に教えてくれたほうがいい。

親からすれば自分が産んだ子どもの教育を他人の手にゆだねるのは愉快ではない。できれば自分の手で育てたい。それが人情だが、子どもにとっては親の気持ちよりも自分の能力がうまく伸びる方が重要である。

親としては大きな違いがあると思いたいところだが、ごく幼い子どもはおそらく生みの親、育ての親ということをあまり意識しないに違いない。**生みの親が育てるのと、育ての親が面倒を見るのと、子どもの成長にまったく違いがないとは言わないが、いい育ての親ならかならずしも子どもは不幸ではない。**

近代の社会では、親子というものを観念的に非常にいいものだと考える。しかし、親子は生物的関係であって社会的関係ではない。無自覚に親子が一体になってしまい、親が子どもをやみくもにかわいがると、その親の愛情が子どもの能力の伸びを妨げることがある。生みの親が子どもの教育にとっていちばんいい存在であるという保証はない。

親は自分でそんなふうに思いたくないから、自分が子どもを育てるのがいちばん子どものためになる、と思い込んでいる。

社会的スキンシップの考え方

青年期の人間が共同生活によって共通の経験をする。これは人間形成において非常に価値がある。ただ、年齢を下げてこれをあてはめることが可能なのかどうかはわからない。ただ、はっきりしているのは、いまのように大人の中に子どもが一人という状態が健全ではないということである。

幼稚園へいくまでに、少なくとも他の子どもの顔を見て急に泣き出したり、他の子どもと遊べずに孤立したり、親がそばにいないと他の子どもと接することができない、そういう子どもを育てないようにしないといけない。

そのために必要なのがスキンシップの延長である子ども同士のふれ合いだ。それはいわば社会的スキンシップである。各家庭が、自分の家庭以外での子どもたちとふれあうような工夫をしなければならない。

「公園デビュー」ということばがあるが、少し母親がでしゃばりすぎているように思える。子ども同士で遊ばせ、親は遠くに離れてよほどのことがない限り出ていかない。それが賢明な親である。

子ども同士がふれあうためには、子どもが大人の存在を忘れてしまわないといけない。大事なことは子どもだけの世界をつくることであって、大人の中では子どもの世界はできない。複数の大人の中に子どもが一人というのは、子どもにとって決して喜ぶべきことではない。

いまのお母さんは、子どもが少ないほうがいい、いろいろと手をかけてやれるし、お金もかけられるから子どもは幸せだと考えている。昔の子だくさんの子どもよりも一人っ子のほうが恵まれていると思っている。

しかし、子どもにとってはありがた迷惑である。仲間と一緒に走り回って悪いこともするけれど、その間にいろいろな子どもとつきあう術《すべ》を身につけられる。学校の道徳の時間などでは学べないことばかりである。

大人は、家庭が幼児教育におけるいちばん重要な場だと信じている。信じたいと思っている。しかし、子どもにすればへたに家庭に囲い込まれると困るのである。

これを大人は大いに反省し、たとえば親同士が話しあって、プライベートな〝乳幼児園〟をつくる。何曜日はあそこの家に集まってみんなで子どもを遊ばせよう、何曜日は○○さんの家で遊びましょう、といった具合にすれば、子どもの世界はひろがる。

はいはいしながらおもちゃのとりっこをしたり、ほかの子どもとぶつかったりすることがいい経験になる。自分の思い通りにいかないことがあるのを体で理解する。

昔の子どもは、すこし大きくなるとよその家へ奉公に出されることが多かった。おもに経済的な理由からだが、自分の家にいて親に甘えているだけの子どもより、早く大人になった。

社会に出れば、ぬるま湯のような家の中とは違って荒い風が吹いている。そこではじめていろいろなことを学ぶのだが、それよりは、小さいときから人間とは社会とはこういうものだと頭ではなく肌で感じていれば、自分を大事にすると同時に、他人を思いやる心も育まれる。

保育所の果たす役割

現代人は個人や個性を大事にするから、個性を殺さなければいけないような組織は歓迎されない。しかし、ことに幼児から成長期に達するまでのある時期において共生の経験は必須であって、これがないと他者からの刺激が得られず、個人の能力の発育が充分でなくなるおそれがある。

これは日本だけではなく、少子化の傾向がある国に共通する問題である。

おとなりの中国は一人っ子政策を行なって失敗した。大人の中に子どもを一人にすればどうしても贅沢に育つ。その結果、一人っ子だといって大事にしすぎて、かえってうまく育たないものが増えた。ジュースを飲ませないと授業を受けないと言い出す小学生まであらわれたりする。

日本は強制されていないにもかかわらず、どんどん出生率を下げてきた。政府はさまざまな手を打っているようだが効果はどうだろう。

日本では、保育所がもっとしっかりしないといけない。保育所が幼児教育をしているという自覚をもつべきである。しかし実際は、病気やけががをさせずに子どもを預かるという考えで運営されている。厚労省管轄の福祉機関であり、教育機関ではないと考えられているからである。

保育園の保育士さんと幼稚園の先生は資格が違うため、保育所の人に急に幼児教育をやってくれといってもできない。それをただ幼稚園と一緒にすればうまくいくというのが、三十年も前から言われている幼保一元化である。

両者は厚生労働省、文部科学省と管轄が異なるので、なかなか一体化できないのである。本当の意味で保育所が教育機関となり、幼稚園も保育所的な機能をもつようにすれば、うまくいくようになるだろう。

混合保育は共生の基本で、同年齢だけではなく異年齢の子どもがいるところ、タテの関係があるところで子どもはいろいろなことを学んでいく。幼稚園ができない混合保育ができる保育所は、この点で本来すぐれている。

しかし、いまの日本の保育所では、一人ひとりの保育士さんは一所懸命やっているが、子どもを一人の人間として育てていこうという考えがはっきりしないし、子ども同士のヨコの関係、共生の関係が生まれるシステムにはなっていない。

日本人が戦後、生き方の柱にしてきた核家族主義は悪いことではない。個性を伸ばす、のびのび育てる、みないいことである。しかしそれだけでは、孤立する子どもを育てるようになりがちである。

子どもは大勢の中でもまれて人との関係を学びながら成長していく。そういう経験は家庭にいるだけではできにくい。何らかのかたちで共生の場所をつくる必要がある。かつては必要なかったことかもしれないが、現在では喫緊の課題である。

第五章

上手にほめて才能を伸ばす

ウソはことばの遊び

虚構の世界のおとぎ話を聞いて育つと、たいていの子どもがウソをつくようになる。四歳くらいからありもしない話をする。ウソをつくということは、フィクションをつくるということであり、言葉における遊びのひとつで、おもしろいのである。

大人は子どもにウソをついてはいけないと言っている。しかし、まったくウソをつけなくなったら人間の世界はずいぶん窮屈になるし、新しいものを考えだすこともできなくなる。

頭の働きということでいえば、ウソをつくということは相当の知的活動である。しかし、大人は、ことに母親は子どもがウソをつくのは絶対にいけないことだと考える。ウソについてはなかなか寛大にはなれず、子どもがウソをつくとショックを受けたりする。ウソには社会的に有害な面があるので、全部肯定することはできないが、子どものウソは社会的でないから悪いことにならないのである。

どこまでが許されるウソで、どこからは許されないウソなのかを区別するのはたいへん難しい。だから、「ウソを言ってはいけない」といっておけば無難である。サルがものを言ったとか、犬がキビ団子をくださいと言ったとか、そういうおとぎ話のウソは認めるけれども、人に迷惑をかけるウソ、人をだますウソはいけない。それでもその区別をするのはなかなか難しい。

しかし、ないことをあるように言うことは、広い意味でのフィクションであり、人間の活動の源にあると言える。それによって、もともと実体がないものに新しいかたちや名前を与える。ウソを言うのに比べると、本当のことを言うのは創造的ではない。おとぎ話をはじめて聞いた子どもはウソ話などできない。ところが多少おとぎ話を聞いて、想像力が働くようになると、自分でも何か突飛なことを考えてみるようになる。

もともと幼児は、ウソをつく力があるからクリエーティブで独創的なのである。

離乳語がうまく身についた子どもは、実際に自分のことばで新しい話をつくろうとする。そうすると、まわりや相手が驚き、聞いてくれる。それがおもしろい。

本当のことを言ってもだれも喜ばないし、感心しないが、つくり話をすると聞いたものが目を輝かせたりする。

幼い子どもにウソをつくのは悪いことだと道徳的に頭から決めつける必要はない。本当のことだけにとらわれているとユーモアなどは生まれない。子どもは巧まずしてユーモアのセンスがある。おとぎ話を聞いて触発された子どもは、自分でもフィクションの世界をつくってみようとする。

子どもは一人でつくり話などしない。必ず仲間の中に入って、遊びとしてつくり話をする。聞いている子どもが、驚いたり、感心したりする。反応があるから張り合いがあっておもしろいのである。

まわりが認めないから、たいてい四歳か五歳、遅くても小学校にいくころにはつくり話をするのをやめてしまうが、ひとに迷惑にならないウソをあまり厳しく禁じたりしないほうがいい。むやみに叱るのは子どもの可能性の芽を摘むことになる。

一種の遊びだと考え、ウソを認めると、大きくなってからの脳はもう少し活発に働くようになるのではないだろうか。

芸術は社会的価値のあるウソ

創作は社会的に無害で、芸術的に価値のあるウソだと考えられる。文学作品などもそういうものだ。絵画も音楽もフィクション＝ウソである。

逆に言えば、ウソをつく能力がないと芸術家や発明家にはなれない。親は幼児期の自分の子どもを見て、「ウソつきだ」などと思ってはいけない。頭から強くとがめるべきではない。

学校に行くようになったら、他人に迷惑をかけるウソはいけないとか、告げ口はいけないとか、いろいろなことをモラルとして教える。これは社会性を養う訓練として必要である。

フランス最高の知性と言われた思想家のモンテーニュは、「人から話を聞いたとき、それを他の人にそのまま伝えると申し訳ないような気がするから、少し利子をつけて伝える」という意味のことを言っている。

聞いたことをそのまま人に伝えるのはおもしろくない。そこでモンテーニュ流に言えば、利子をつけて、つまり脚色をして隣の人に伝える。それは広い意味で言えばウソをつくことである。

こうしたウソを全部とがめたら、人間の生活は成り立たなくなる。ことに幼児のウソを目の敵にして押さえようとすると、正直になるのではなく、精神的なはたらきが弱くなってしまう。

ウソをつく子どもは頭がいい。よい頭はただ知識をため込むだけではなく、フィクションの世界をつくる。

あとあと新しいものをつくったり、新しいことを考えたりする力は、幼児のウソをつく力と深い関係がある。これを切ってしまうと、機械的に正しいことだけしか考えない、当たり前のことしか言えない、バカ正直な人間になってしまう。

なんとなくおもしろい人間、おもしろい生き方には、適度のフィクションがある。

ウソをつく人はウソに騙されにくい。まじめ一本やりの人はウソをよく知らないから、ウソに引っかかって被害を受ける。ウソをつく人は、ウソを言われたときには笑ってやりすごすことができる。

人間は極めて早い段階からウソがつける、つくり話ができる。言葉で虚構の世界をつくりだすことができる。これは人間だけが持っているすばらしい能力のひとつである。

子どもが気づいていないところをほめる

「叱る」と「ほめる」は、育児の大問題である。悪いことをしたときに叱り、いいことをしたときにほめる、これは当たり前だが、ウソを言ったとき、どこまで叱るのか、どこからウソを認めるのか、さらに極端な場合、ほめてやるウソがあるのか、などをあらかじめ考えておくと、実り多き育児になる。

原則を言えば、叱るほうが簡単だ。「いけません」と言えばいい。ところがほめるのは、ものさしがうまくあてはまらなくて、何をほめていいかよくわからず、結局ほめなくてはいけないときに黙っている。それで叱るばかりになってしまう。

ほめるのは、ちょっと新しいものや少し変わったことを、おもしろいと認める必要があるので、案外むずかしい。杓子定規にはいかない。

家庭でも学校でも、あまりほめずに、叱ったり、小言をいったりすることを教育だと思っている。これはいまも昔もあまり変わらない。しつけと称して虐待している親さえいる。

上手なほめ方とは、まず、子どもが自分で気づいていないいいところをほめること。

二つ目は、子どもが予期していないときにほめること。いいことをしたと自覚しているときにほめられるよりもずっと嬉しい。

何気なくしたことを、「すごい！」と言われれば、子どもは驚くと同時に感激して、がんばろうという気持ちになる。

試験で満点をとったとき、「よくやった」とほめられても子どもはそんなに嬉しくない。ところが、点数はあまりよくなかったけれど、「これは間違いだがおもしろい。よく考えたね」などと言われたら、「勉強も案外おもしろい」と思い、好きになるかもしれない。

松下村塾を開いた幕末の思想家吉田松陰は、弟子をうまくほめたと言われている。門下生であった長州藩士久坂玄瑞を推薦して、「久坂玄瑞は当藩随一の秀才にて～」といったと手紙に書いたと言われている。久坂玄瑞はそれを知って、「先生は自分をそんなに高く評価してくれているのか」と感激した。

箸にも棒にもかからない人間を優秀だとほめるのは無責任だと言われかねないが、人にはどこかいいところがあるものだ。うまくほめるのは人間の能力を引き出す大きな力になる。

上手なほめ方の三つ目は、叱ってからほめるのではなく、先にいいところをみつけてほめること。

父親がほめて母親が叱る

ほめる効果は子どもとの距離に反比例する。家庭では、父親よりも母親のほうが子どもとの距離が小さい。だから母親がほめるよりは父親がほめたほうが、一般的にはより効果的である。

これまでは父親が厳しくて、母親が優しいという家庭が多かったかもしれないが、逆に父親がほめる、母親が叱るほうが、家庭のしつけとしては理にかなっている。

ただ、家庭では、父親にしても母親にしても子どもとの充分な心理的距離がないために、ほめる効果があまり出ないことが多い。

そういう意味で、ほめるというのは家庭だけではできない教育かもしれない。叱ることはできるが、ほめることはなかなかできない。

親よりも学校の先生や、さらに子どもと直接関係がないような人がほめたほうがもっと効果がある。われわれはもっと他人の子どもをほめる必要がある。

親は、「子どもの教育はすべて自分でやろう」などと考えないほうがいい。母親は叱る側に回り、よその人からほめてもらう、そういう育て方もある。

まずよその子どもをほめるという気持ちをもつ。お互いによその子どもをほめれば、多くの子どもが自分に自信をもつようになる。

ほめることが、やる気や元気の原動力になる。たとえて言えば、叱るのは水をかけるようなもので、ほめるのは火をつけるのに似ている。子どもはいつなん時思わぬ方向に向かう危険がないとは言えないが、人から期待されていると思えばそれに応え、大それたことをしないようになる。

昔の人は「三つ叱って五つほめよ」と言ったが、量の問題ではなく、やはりまずほめる。そのあとで叱る。そうすると叱ったことによる悪い影響があまり出ない。はじめから叱ると、あらゆる活動がしぼんでしまうおそれがある。

幼稚園でも小学校でも、上手にほめる先生がいれば、小手先の教え方の上手下手とは関係なしに、非常にいい教育効果が見込める。

学校の教師はまさにほめる人であり、重要な役割を担っている。

学力などと違って人間力をつけるには、教師はすべての子どもをほめるように心がけなければならない。簡単なことではないが、どんな些細なことでもいいから、子どものいいところを認めて、ほめてやるのである。

家庭と学校とのトラブルの多くは、「先生はうちの子どもを叱ってばかりいる」と親が考えることに起因する。もちろん叱ることも大切だが、教師は子どものいいところを見つけるというより、それこそウソをもほめてやる。

ただし、ほめるのはフィクション、叱るのは現実的とも言える。やたらにほめてフィクションが過剰になりすぎてもいけない。

赤ちゃんは転んでいろいろ覚える

人間が二本足で立つのはたいへん難しいことで、赤ちゃんは生まれてからひとりで立てるようになるまで十カ月くらいかかる。立てるようになったら、まわりの大人はただ「立った、立った」と言って喜ぶだけではいけない。赤ちゃんが背筋をピンと伸ばし、足を真っすぐにして、できるだけ姿勢よく立てるようにする。

同時に、手を振らせたり、ものをつかませてみたりする。せっかく立って歩けるようになっても手を動かさないと、片寄った運動になる。

立ってからどれくらいで歩けるようになるかは子どもによってまちまちだが、立つだけでも容易ではないのに、前へ進んでいくのは、さらに難しいことである。

二本足で立って歩くには、まず体の重心を両足の中心に置く必要がある。ついで、重心を水平に前に動かし、足を交互に出して前に進む。もちろん、こんなことをいちいち考えていたらとても歩くことなどできない。

赤ちゃんは立ったり転んだりしながら、体のバランスをとる訓練を行ない、体の重心が前へ移動するのを、体で学びとる。

そのときに失敗して転ぶのは、子どもにとって大事な経験であるから、転ぶ回数はむしろ多いほうがいい。転ばせないようにというので歩行器を利用するのは、あまり感心しない。

歩けるようになれば走るのは比較的簡単だが、立って歩くまではなかなか難しいから、母親だけではうまくいかない場合がある。

幼いころに、しつけというより一種の体操として、足をピンと真っすぐにして歩くようにさせると、成長してからX脚やO脚になることはない。X脚やO脚は脳にも悪い影響を与えると考えられている。そうなる前に、ほんのちょっと注意してやれば、変なクセがつかなくてすむ。

子どものときの歩き方は、その人の一生の健康にもかかわる。ところが意識して子どもに歩き方を教えている親は少ない。そのため子どもは、めいめい我流で勝手な歩き方をしている。

子どもがうまく転ぶ手助けをする

子どもが立って歩くようになると、親たちはなるべく転ばないようにしようとするが、ここでも転ぶことがたいへん大事な経験で、失敗した経験、つまり転んだ経験は体がよく覚えていて、成長してから転ばないようになる。

転ぶとケガをするおそれがあるが、適当に転ぶのはどうしても必要である。転ばないように転ばないようにとあまり神経質に考えるのはかえって体の発達によくない。三歳か四歳くらいになったら、階段を上がり下がりするということも大事な経験である。

子どもは昔から、遊んでいるときにしばしばケガをする。親はいちいち心配するが、ケガをすることで、危険なことを体が覚える。りっぱな体の訓練にもなる。そうすると成長してから危険な状態をうまくかわすことができるようになる。たとえ、うまくかわせないまでも大きなケガをしなくてすむようになる。

人間は二足歩行という無理なことをしているのだから、転ぶのはしかたがない。それをなんとか転ばないようにしている。これは、人間の努力の結果である。だからといって一生の間に一度も転ばない人はまずいない。必ず転ぶ。だったら、転ぶときに下手に転ばないで、うまく転べばいいのである。

子どもが上手に転ぶことができるかどうかは、親の心がけ次第である。親は子どもをネコかわいがりせず、できるだけ手を貸さないようにして、そばで見守るようにする。もちろん本当に危ないときには手を貸さないといけないが、ちょっとつまずいたり転んだりしても、あまり怖がらずに静かに見守る。そのほうが子どものためである。

子どもは運動神経がよく、ことに小脳活動が活発だから、転んだり、滑ったりしても、すぐケガをすることはない。それが将来の安全につながる。

幼児のときに体の鍛錬をする

柔道をやっていると転んでもほとんどケガをしない。それは柔道では受け身の稽古をするためである。柔道の受け身は非常に合理的な転び方である。受け身を稽古したことがあると、後々、大きなケガをしなくてすむ。

転んで鎖骨を折ることがある。鎖骨である。鎖骨は、そういうときに折れるようにできているらしい。

競馬のジョッキーは、馬から落ちるとき絶対頭から落ちないようにしないといけない。頭から落ちると命にかかわるが、肩から落ちていけば、もし鎖骨が折れても間もなくもと通りになる。折れやすいかわりにつきやすい。いざというとき、鎖骨がショックアブソーバーとしての役割を果たすわけである。

だれでも歩けるようになるが、子どもが歩き始めたら、周囲の大人は、子どもの体

を鍛えるのだという自覚をもったほうがいい。

危ないときにうまく体をかわすというのはひとつの鍛錬であり、ある程度の危険を冒さないと鍛錬はできない。危ないことはいっさい避けて、安全に安全にと言っているだけでは間違ってもその鍛錬はできない。

難しいことかもしれないが、心がけとして、子どもに多少は危ない経験をさせることが、将来の安全を保証することになる。昔の子どもは、生傷が絶えなかった。それがいいとは言わないが、「危険なことは一切させない」のは逆にきわめて危険なことである。これがなかなかわからない。

赤ちゃんは生まれてから二年くらいは肉づきがよくてまるまるしている。転んだりぶつかったりしても、肉がクッションになって、骨をいためたり、折ったりしないよう、自然にそうなっている。

子どもは、だいたい四、五歳になれば自然と贅肉が落ちる。まるまるしているのは健康とは言えない。小学校へ入ってからあわてて体を鍛えようとしても、すこし手遅れである。

まるまるしているときは少しくらい危ないことをしても、それに耐える力がある。

事故を起こしても、たいていは大ケガにならない。自然がそういうふうに準備しているのだから、親はまずその自然の摂理を理解して、子どもが小さいときに充分体を動かすようにするのが望ましい。

箸をきちんと持てるようにする

箸のもち方を戦後はほとんど家庭で教えなくなってしまった。もともと箸をもつということはかなり高度な手の運動である。頭のはたらきにもよい影響があると考えられる。ただ、箸は片手を使うだけなので、利き手ではないほうの手もできるだけ動かすようにしたい。

女性が家庭で料理をするときは、だいたい両手を使っている。昔のように手で洗濯するのも非常にいい手の運動であった。

どうしても利き手のほうだけを使いがちだが、脳梗塞なども頭の片方だけがやられると言われることが多い。これは手の運動とも関係があるので、できればふだんから両方の手を使うように心がけたほうがいい。体全体のバランスからいっても片方だけ使うのは自然ではない。しっかり両手を振って歩くのも健康的である。

幼児期に、利き手でないほうの手を遊ばせないようしておくと、大人になってから思わぬ恩恵があるかもしれない。

箸をきちんともてない子どもは鉛筆も正しくもてない。いま鉛筆をきちんともてる子どもが少ないようだけれども、しつけとしても、考えさせられる。

先割れスプーンなどでご飯を食べさせるのは、たいへんまずい。最近では、給食で箸を使う学校もあるというがとても良いことである。

ところが、小学生になってから箸のもてない子どもにもてるようにするのは難しいから、学校は知らん顔をする。〝箸の上げ下ろし〟を教えるのは学校の役目ではないというのだろう。

こんなことにならないようにするには、三歳になるくらいまで、体全体を動かす体操を意識して行なう。運動ではなく体操をして体を積極的に動かす。

もう少し大きくなったら水泳や自転車を教える。普段はなかなか大人の言うことを聞かない子どもでも、泳ぎたい、自転車に乗りたいと思うと非常に素直になって大人の言うことを聞く。

最近は、運動会の前にかけっこの指導をする〝体育家庭教師〟がいるという。去年はビリだったので、今年はせめてビリから三番目くらいになるようにしてほしいという親の依頼を受けて、走り方を教えるのだそうである。

おそらく、そういう子どもは、足が横を向いてしまっている。足を真っすぐに出すようにすれば、一〇%～一五%は能率がよくなって、それだけで早く走れるようになる。

また、体を垂直にして立っていては足が前に出ないから速く走れない。前に体を傾け、体を前のめりにすれば自然に足が前に出る。

そういうことを三歳か四歳の子どもに教えてやる。毎日、すこしずつ教えれば、子どもはすぐ覚えて、うまく走れるようになる。

第六章

耳をよくすれば頭がよくなる

意識を集中して見る、聞く

ものが見えるではなく、はっきりよく見ることを英語ではseeではなくlook atと言う。この区別がなかなか難しい。「見える」のではなく、意思をもってあるものを「見る」には、かなりの訓練が必要になる。

子どもにとって、注意を集中してものを見ることは大事である。母親が話しているときに子どもがそっぽを向いていたら、「こちらを見なさい」と言って注意する。顔と顔が向き合っているときにそっぽを向かないようにする。

学校でよそ見や脇見をする子どもがいる。視点を一点に集中できないのでキョロキョロして、注意散漫になる。集中できないから、いろいろなことがわからなくなる。

読み聞かせについては何度かのべたが、子どもは耳で聞いている話より、母親が読んでいる本のほうにどうしても注意が向いてしまう。この場合は、「見える」のではなく「見る」になっている。

本に注意が向いてしまうと、肝腎の話のほうは、耳で聞こえ（hear）てはいるが、よく聞く（listen）という聞き方ができなくなっている。うわのそらで話を聞いている。そこが問題である。

アメリカの幼稚園は、「リスニング・ドリル」、すなわち聞き方の練習をする。たとえば話の聞きとりにくいザワザワしたところで、先生が小さい声で話す。あとから「いまなんて言った」と聞くと、たいていは聞こえていないから、子どもはいい加減なことを言う。そこで先生はあらためて、「そんなこと言っていません、もう一度聞きましょうね」と言う。

こういう練習を繰り返すことで、まわりがうるさくても耳をすまして先生の話を正しく聞きとることができるようになる。

地下鉄の電車の中はかなりうるさい。そこでの会話をテープレコーダーで録音すると全然聞きとれない。それなのに乗客同士では会話が成立している。聞こえるのではなく、ほかの音を抑えて、相手の言葉を聞くという能力をわれわれ人間がもっているからである。

聴覚や視覚を努力によってある一点に集中する。この訓練を幼児期から始めれば、子どもは学校で授業に集中することができるようになる。教育の基本にかかわることで、よく見、よく聴くのはたいへん重要なしつけである。

「よく聞きなさい、よく見なさい」

いわゆる勉強ができない子どもは、たいてい注意散漫で、ものごとに集中できない。母親が「お母さんが話しているときはキョロキョロしていてはいけません、よく話を聞きなさい」などと言い、よく聞いたら、「よく聞いたわね」とほめる。そうしていると、学校に行くようになって、先生の話をちゃんと聞くことができるようになるだろう。

朝から晩まで「集中しなさい」と言ってはいられないが、子どもの注意力が散漫だと思ったときに、「よく聞きなさい」「よく見なさい」と言う。

普通の聞き方と注意して聞くこととの区別ができないために、われわれはかなりの年齢になるまでこの二つを混同している。自然に聞こえてくるものと、努力して聞きとろうとしているものとの区別がはっきりしない。

だから、人の話もあとであいまいになったり、よくわからなくなったりする。だが、先にものべたが、もともと人間には、騒音の中でも他の音を抑えて大事なものを浮かび上がらせる力がある。

とりわけ生まれたばかりの子どもには非常に集中力がある。しかも要るものと要らないものを区別して大事なものにだけ注意を集中するようである。

ことばはクルマのクラクションや騒音と違うということを知って、必要なものを集中して選び出し頭の中に入れておく。そして、四十カ月くらいの間にひとつのことばをマスターしてしまう。

漠然とおとぎ話を聞かせたり、絵本を見せたりするだけではなく、「よく聞きなさい」「よく見なさい」と注意することが、子どもの能力を高めることになる。

テレビを見る時間は短くして、集中して聞き、見るしつけをする。集中力を養う訓練にする。

集中する訓練をしていないと、勉強していても絶えずいろいろなことで気が散る。台所からいい匂いがすればそちらに気をとられてしまう。

まわりに人がいようといまいと、音がしようがしまいが、何があろうと、無我夢中で集中することができれば、物事を理解する力は大いに高まる。

気が散ってしまうと、学校でも先生の言うことがよく頭に入らず、たとえ一度は頭に入っても忘れてしまいやすい。

幼児期に聞く訓練をする

昔から、集中力をつける訓練は家庭でそれなりに行なわれていたはずだが、これからはもっと意識して集中力を高めるようにしたほうがいい。

たとえば大事なことを子どもに言ったら、実際によく聞いていたかどうかを、「いまお母さん、なんて言った」と子どもに聞き返して確かめる。そうしていると、だんだんによく聞くようになる。

母親が幼稚園で明日することを聞いてきたとする。それを子どもに「明日は幼稚園で○○をやるのよ」と伝える。そのうえであらためて「明日は幼稚園で何をするの」と聞き返す。こういうことを繰り返していると、子どもは自然に母親の話を注意して聞くようになる。母親が言ったことを子どもに復唱させるわけだが、これは非常に有効な訓練である。

集中して聞いて、大事なことを間違いなく聞きとる、そしてそれを記憶する。いい加減に聞いて、曖昧なまま頭に入れただけでは、忘れてしまう。

学校の授業は、大部分は先生の話を聞くことだから、先生の話がどの程度聞きとれているかが大きな問題である。ただ、小学校に入ってから聞く訓練をやるのでは遅すぎる。そもそも学校は読む訓練はある程度行なうが、聞く訓練はほとんどやらないからである。

そこで子どもたちの間に能力差みたいなものができてしまうが、それは頭の善し悪しというより、聞いたり見たりするときの集中力の差と言っていい。

じつは、この聞きとる力が日本人はもとから弱いのではないかと思われる。たとえば、十ケタの電話番号を聞いたとする。それを一回で間違いなく覚えて、電話をかけられる人は少ない。

それに対して外国の人は、電話番号を一回聞いたら聞き返すということは比較的少ないようだ。聞き取りの能力にすぐれているのか、話しことばを大事にしているせいなのかもしれない。

これからの時代は話しことばや音声がますます大事になってくる。そうなったとき、聞き取りの能力は知的能力と非常に深く関わるようになるであろう。いままでは読めればよくて、耳で聞かなくてもよかったが、これからは大事なことを耳で聞くことが必要になってくる。

学校では当分、聞き方の訓練を授業に組み入れることはないであろう。だとすれば、それぞれの家庭で、幼児期に、集中的に聞き、集中的に見る訓練を行なうことがどうしても必要になる。

はじめをいい加減に聞く日本人

日本人の耳は、話のはじめのほうをいい加減に聞く傾向がつよい。日本語は、話のはじめのほうはどうでもよくて、終わりのほうが大事だからだ。かりに一から十まで相手が話すとして、はじめの二、三の言葉はマクラのようなものだ。

そのため日本人は子どものころから、センテンスでいうと真ん中から終わりのほうをよく聞く。「〜した」なのか、「〜しなかった」なのか。最後でまったく意味が変わってしまうのだ。

英語の場合は、はじめがもっとも大事。what do you think? なのか、what did you think? なのか、はじめのほうをよく聞いていないとわからない。

日本人の耳は最初のほうに鈍感で、いつも終わりのほうに注意が向いているが、英語などの外国語の場合、はじめのところが大事であって、終わりのほうはそれほどではない。

日本人は、聞いたことだけではなく、自分の言ったこともわからなくなってしまうことが多い。本当は聞いていたのに、そんなことは聞かなかった、実際は言っているのに、そんなことは言わなかった、などとなり、あとでモメることがある。

記憶されないのは聞き取りの力が弱いためで、大事なことはしっかり頭に入れて、忘れないようにしないといけない。

日本は昔から証文を残して、それに基づき請求や支払いをする。ヨーロッパは口頭で約束し、多くの場合、事故は起こらない。

日本は証文などの文書によって重要なことを決めてきたから、口先だけの話はバカにしていた。商売や裁判のときだけではなく、われわれの頭は目のほうに片寄っていて、しかも記憶する力がはなはだ心もとない。これは幼児期に聞くことをおろそかにしてきた結果である。

子どもと面と向かって話す

親はつい忙しいからといって子どもと面と向かって話をしないで、何かをしながらついでに話したり、背中を向けて話したりする。そうすると、子どもは聞くことがおろそかになり、集中力がつけられない。

親は、なるべく面と向かって話をするようにする。叱るにしても、面と向かってよくわけを説明し、よく理解しているかどうかを確かめる。幼児期なら親がいったことを理解しているかどうかいちいち確かめても子どもはまず反発しない。

幼児期にこうしたことをしておけば、大事なことに耳を傾け、聞き流すというようなことがなくなる。

このことはおそらく一生の間に相当大きな知的能力の差になる。ただ塾に行って勉強するだけで知力が向上するわけではない。もっと早い段階で、聴と視を集中する訓練をすることが有効である。

ことに日本人に欠けていると思われる聴覚の集中力を養うためには、よく聞く習慣をつけること必要だ。耳がよくなると、頭もよくなる。

そもそも大人でも人の話を聞くのに集中できていない。たとえば、小学校などの授業参観に行くと、父親はぽつんとひとりで立っている。母親はたいてい親しい人とおしゃべりをしていて授業に集中していない。

そういうことは、日常生活にも現れる。台所仕事をしながら、「あのねー」とか言って子どもに話しかける。子どものほうも上滑りで聞き流す。そうではなく、わざとらしくてもいいから、面と向かって話せば子どももきちんと注意を向けるようになる。

一日に一回でもいいから、親があらたまって子どもにものを言い、子どもはそれをちゃんと聞きとる。それが子どもの人生を変える。

「聞く、見る、行動」の集中力

空港では英語で Attention please とアナウンスされる。Attention とはよく聞くということ。Please がついて、「よく聞いてください」になるが、ぴったりあてはまる日本語がない。

よく聞いてください、聞き洩らさないでください、集中して聞いてください、という意味が含まれているが、このことばの後に出発時刻やゲートの変更を知らせている。それを日本人は聞き流していることが多い。あとになって大事なことがわからなくなりあわてることがある。

これからは耳で賢くなるのである。これまでは目で賢くなったが、これからはもっと耳を大切にする必要がある。耳がよくなれば、自然に、話を聞いて正しく理解する力も高まる。

おそらく多くの頭のいい子、悪い子は、三歳か四歳くらいで決まってしまうだろう。ひとつは、話をきちんと聞いて理解できるか。もうひとつは、ものを見るときひとつのものをきちんと見て、頭に入れることができるか、である。

この二つが幼児教育のポイントである。

幼児は非常に集中力があるが、学校へ行くころになるとこの力はかなり落ちる。幼児のときのようには覚えられなくなる。**だからこそ幼児期に、聴覚の集中力、視覚の集中力、それに加えて行動の集中力をつけておく必要がある。**

勉強だけではなくスポーツでも、余計なことをあれこれ考えず、目的に向かってまっすぐ進む。それが三番目の行動の集中力である。

神経質な子どもは、目の前の勉強に集中できずに、いろいろほかのものごとが気になる。「あの子は敏感でいろいろなことに気がつく」などと言って、感心していてはいけない。

だれでも夢中になればものすごい力を発揮できるのである。たとえ一つひとつの能力はたいしたことがなくても、夢中になって、あらゆる能力を一点に集中すれば、太陽の光をレンズで一点に集光させれば紙に火がついて燃えてしまうように、たいへん大きな力になる。

人間もいろいろな能力をもっているが、一つひとつバラバラならそれほどたいした力ではない。しかし、それらをひとつのことに集中できれば、たいへんな力になる。それまでわからなかったことが理解できたり、できないと思っていたことができたりするようになる。

相手の言っていることを理解する

昔は大学の講義中に話をする学生などほとんどいなかった。中学校でも小学校でも授業中に隣の子どもと話すことなど、よほどのことがないかぎりなかった。

それがいまは、小学校から大学までほとんどどこでも、私語をする。小学校ではいわゆる学級崩壊までおこり、授業が成り立たないところもある。

これは耳の集中力を欠いている証拠で、集中して聞いていれば、まわりを気にしていられない。

日本にやってきたアメリカ人の教師が、どうして日本の学生は質問しないのかと不思議がっていたが、不思議でもなんでもなく、要するによく聞いていない、よくわかっていないからだ。

集中して聞いていればある程度はわかるはずだが、よく聞いていないのだからわかるはずがない。

日本人は、私語して話を聞かない場合もあるし、上の空で聞いていて、よくわからないのに平気ということもしばしばある。ちょっと恥しいことである。

これはつまり聞く力が基本的に弱いからだ。難しい本を読むことはできても、わかりにくい話を聞いて理解するということができない。よく聞くしつけを、ほとんど受けていないからである。

耳で賢くなる

勉強にしても仕事にしても、目の記憶と耳の記憶というものがどちらも非常に大事である。これからの子どもは目で賢くなるのはもちろん、それより前に耳でも賢くなる必要がある。

耳で賢くなるほうのしつけ、教育は、いまの日本ではほとんどなされていなくて、視覚の文字を中心にした記憶によって知能を発達させようとしてきたが、視聴覚の双方で知覚を高めていけば、知的能力だけではなく、情操的にもすぐれた能力の高い子どもが育つ。賢いことを聡明というが、聡、つまり耳の賢さが、明、つまり目の賢さより先行している。昔の人の知恵である。

赤ちゃんは聴覚でことばを覚える。文字など一字も覚えずにことばを覚えることができる。それが学校の勉強になると、急に文字中心に切り替わる。そこに大きな断絶がある。幼児の聴覚の能力をもう一段深めて、どこまで伸ばすことができるか。それが、これからの大きな課題だ。

文字を知らない幼児期にこそ、聞く力を育てる好機である。大人がまずそう自覚する必要がある。

いまはその自覚がないから、文字を教えるまでは、耳のことばに関してはまったく手つかずにして放ってある。

幼稚園の先生たちは、聴覚による聞き取りの能力が重要だということをあまり理解していないで、小学校へ行ってからの勉強のことばかりつよく意識しているようだ。

文字の読み書きが大事で、話を聞くということは、家庭における自然な教育に任せておけばいいと、幼稚園でも、聞き取りの練習などはしない。

聴覚の能力を高めるには、暗誦するのがいい。日本語によって書かれた名文や和歌などを、意味がわからなくてもいいから、声にして自分の耳で聞いて覚えさせる。

ラスキンという十九世紀イギリスの批評家はすぐれた文章を書いたが、「聖書を読む以外に文章の練習などしたことがない。耳でバイブルのことばを記憶した。それは自分にとってたいへんよい勉強になった」と言っている。

わが国でも、昔、わけもわからない幼い子に「論語」とか「孟子」といった難しい漢文を耳で聞いて覚えさせた。

おとぎ話や昔話は、暗誦するわけではないが、子どもは自然に覚えてしまう。日常の会話ではなく、文章になっている話を耳から聞いて、理解する。理解するというより覚えてしまう。ここが大事な点で、ただ記憶するのではなく、覚えてしまうくらいに、繰り返し聞く。

愛知県の北設楽《きたしだら》郡の村では、平家の落人が伝えたという伝説が子どもたちによって代々語り継がれている。村の子どもは四歳、五歳くらいからその伝説を口伝えで記憶し、「花祭」のときにそれを披露する。

話し終わるのに全部で三時間くらいかかるが、テキストはないので、耳で聞いて覚えたものを伝えていく。幼児の聞いて記憶する能力はそれくらいすぐれている。

幼い子どもの聴覚の能力はすばらしい。成長するにつれて、文字を覚えたり、ほかのことに注意が向くと、聴覚の記憶と集中力が落ちてしまう。

視覚優先の学校

いまの教育は視覚的な能力で学力を考えている。したがって、聴覚の優れている人たちはいまの学校教育で、たいへん損をしていることになる。

幼児期には聴覚型でなければものごとは覚えられない。視覚型の子どもがいるにしても、その力を発揮するところがない。学校教育を受けてはじめて視覚型が表われてくるのである。もともと人間は聴覚の能力が先行すると考えられる。

母親のお腹にいるときから耳はちゃんと聞こえているのは、その証拠である。

しかし、日本では昔から視覚を大事にし、文字を大事にする。そのぶん話しことばは軽んじられた。そのため知的能力や頭の善し悪しは、主として視覚的な能力を基準に判断された。〝聴覚的な記憶〟はテストされたこともないし、評価されたこともなかった。

これからは、これまで軽んじられてきた耳の力が大きくクローズアップされてくるはずである。幼児の段階で聴覚を大事に育れば、新しい才能に目覚めた子どもたちがどんどん出てくるに違いない。

欧米では大人の話を非常に大切にする。子どもを教会に連れて行き、わかってもわからなくても牧師の話をきちんと聞かせる。そういう習慣が、生活の中に根づいている。日本にはそれに当たるようなものがなかったし、いまもない。

「本を読みなさい」とは言っても、「先生の言うことをよく聞きなさい」「親の言うことはよく聞きなさい」とはあまり言わなくなったのではないか。

先生も親も大事なことは言わずに、どうでもいいことばかり言っていることが多い。勉強も耳学問はダメだということになっている。しかし、耳学問は非常に大事である。他人との対話、会議、授業、講演会など——聞く力の重要性に関心が高まっている。生活でも仕事でも聞く力、聴覚理解力がものをいうようになる。

相手の言うことをちゃんと理解して、それに対して、自分の考えを文字ではなく口で伝える。耳のコミュニケーションだ。幼児期にこの耳のコミュニケーションの能力を身につければ、あとあと必ず生きてくる。

人間の視覚は平面的、表面的である。聴覚のほうが奥行きがあって立体的である。視覚は限定されている。目は広がりがないが、耳はあらゆる方向に向けて広がっている。耳のほうが知覚の能力としては範囲が大きい。

目の視野は範囲が限られている。耳は前も後ろも横でも音を聞きとることができる。目と違って瞬きもせず、絶えず開いている。

聴覚で頭がよくなるという考え方をする人は、いまおそらくいないだろう。いま「頭がいい」というのは、視覚の記憶を中心に考えられている。その考え方を一旦捨て、耳をよくすれば、人間の新しい知性が生まれてくる可能性がある。

元来話をしていることばのほうが、書いたことばよりも自然であり、聴覚的なものを基本にしたことばの上に、視覚によって成り立つ抽象的なものとして文字がある。われわれはなんとなくことばというものは文章が中心で、話より書いたものが価値が高いと考えているが、そうではない。

話したことば、聞いたことばで交わされるのが本当のコミュニケーションである。文字でもコミュニケーションはできるが、かなり特殊であって、それには訓練が必要だから、学校で主として読み書きを教えるのである。

しかし、人間の能力は読み書きだけでは計れない。本だけ読んでいる人間は歳をとると人間味が乏しくなってしまう。商売をしている人や体を動かして仕事をしている人は、文字ではなくて話すことばを使って生きている。そのせいばかりではないかも知れないが、年とともに人間の幅を広くしているように思われる。

耳を重んじる教育をしよう

われわれの文化でこれからもう少し話しことばを大事にするようになれば、幼児期に子どもがもっている、ゼロからことばを覚えていく聴覚的な能力がさらにすぐれたものになるであろう。

日本人のことばは、視覚的に片寄っている。それで聴覚による豊かな会話ができない。本を読むことはできるが、会話はうまくできないということになる。

小学校の先生をしている人からこんな話を聞いたことがある。

「明日、もってくるもの」といって低学年の児童に言っても、よく聞いていない。忘れ物が多いので、黒板に大きな文字で書くことにした。それでもダメで、家庭あての「お便り」をつくって、「これを渡しなさい」ということにしたのだそうだ。

こういうときは、面倒でも、やっかいがらずに、よく聞くしつけをするようにしたい。「先生は一回しか言いません、繰り返しません、よく聞いていなさい」と言うのである。ときには、「いま、先生はなんと言いましたか、言ってごらんなさい」などとたしかめる。

それがリスニング・テストになるし、根気よく続けているうちに、「先生は大事なことでも一回しか言わない」と子どももわかってきて、話をよく聞くようになる。

だいたい日本人は耳を軽んじ、目を重んじすぎる。日本人のいろいろな欠点は、そのことが原因になっていることが多い。子どものときによく聞くしつけをすれば、日本人は劇的に変わるであろう。

あとがき

「とにかく、自由にのびのびさせたいんです。園のやり方には反対です」

二度目の園長になった幼稚園で母親からつるし上げられて、返すことばもなかった。あとで、あれは大人のエゴイズム、子どもの立場に立った教育がなくてはいけない、と考えるようになった。子どもは間違った育て方をされても、抗議の声をあげることができない。子どものことを察して、子どもに代わって大人たちにお願いする、そういう子育てがある、と考えた。

どうして、子ども、幼い子どものことが気になるのか、自分でも不思議なくらいである。ひょっとすると、と思うことがある。私は幼いときに母をなくした。それとなく予感があったのだろう、生前の母は私に向かっていろいろな話をしてくれた。それにしてもさぞ思い残すことが多かっただろう。そう思うたびに粛然とした気持ちになる。

すこしでも幼い子のためになることをするのは、亡母の志をつぐことになるのではないか。勝手にそう考えて、子どものため、子どもの側に立って、その成長を願う心で、あれこれ考えたことを書いた。そして最近、ゼロ歳児は天才的である、というテーマを思いついた。本書は、そのデッサンである。

この本は、そういうわけで、いわゆる子育てのマニュアルではない。具体的な育児にはあまり役に立たないだろうが、子どもの教育を大きく変える点では、他に類がない、と自負している。

子どもに対して大人のいだいている常識、固定観念をくつがえす新しい思考がとりえの、教養の書である。すばらしい才能を発揮する子どもがふえることを心から願っている。

この本ができるまでの間に、筑摩書房編集部の金井ゆり子さんから多くの援助をうけた。あつく御礼申し上げる。

二〇一一年師走
外山滋比古

＊

本書は書き下ろしです。

装丁　澤地真由美
装・挿画　浅生ハルミン
編集協力　齋藤則教

外山滋比古（とやま・しげひこ）英文学者、評論家、文学博士

1923年生まれ。東京文理科大学英文科卒業。お茶の水女子大学名誉教授。専門の英文学をはじめ、思考、エディターシップ、言語論、教育論など、幅広い分野で、独創的な研究を続けている。幼児教育に関する著書も多い。主著に『思考の整理学』『わが子に伝える「絶対語感」』『忘却の整理学』『ちょっとした勉強のコツ』『自分の頭で考える』『日本語の作法』など。

幼児教育《ようじきょういく》でいちばん大切《たいせつ》なこと―聞《き》く力《ちから》を育《そだ》てる

2012年1月30日　初版第1刷発行

著者――外山滋比古

発行者――熊沢敏之

発行所――株式会社筑摩書房
東京都台東区蔵前2-5-3　郵便番号111-8755　振替00160-8-4123

印刷――明和印刷株式会社

製本――矢嶋製本株式会社

ISBN978-4-480-87847-2　C0037

乱丁・落丁本の場合は、ご面倒ですが、下記にご送付ください。送料小社負担にてお取り替えいたします。ご注文・お問い合わせも下記へお願いいたします。
〒331-8507　さいたま市北区櫛引町2-604　筑摩書房サービスセンター
電話048-651-0053

◉外山滋比古の本◉

〈ちくま文庫〉
思考の整理学

アイディアを軽やかに離陸させ、思考をのびのびと飛行させる方法を、広い視野とシャープな論理で知られる著者が、明快に提示する。

〈ちくま文庫〉
空気の教育

子どもを包む家庭や学校の空気こそ、最も深いところに作用する。押し付けや口先だけの注意では子どもに届かない。斬新な教育エッセイ。

〈ちくま文庫〉
アイディアのレッスン

しなやかな発想、思考を実生活に生かすには？　たんなる思いつきを〝使えるアイディア〟にする方法をお教えします。『思考の整理学』実践篇。

〈ちくま文庫〉
「読み」の整理学

読み方には、既知を読むアルファ（おかゆ）読みと、未知を読むベータ（スルメ）読みがある。リーディングの新しい地平を開く目からウロコの一冊。

忘却の整理学

頭を働かせるにはまず忘れること。情報・知識でメタボになった頭脳を整理し、創造・思考の手助けをするのは忘却なのだから。『思考の整理学』の続編。